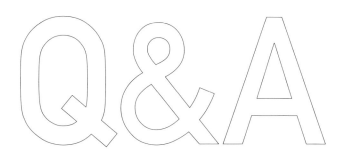

フリーランス法の基礎と対応

取引適正化と就業環境整備の実務

弁護士　松田 世理奈・弁護士　大西 ひとみ
Matsuda Serina　　Onishi Hitomi

中央経済社

は し が き

　筆者はフリーランスである。名前はまだない（無名である）。

　本書は，令和6年11月1日から施行された「特定受託事業者に係る取引の適正化等に関する法律」という新しい法律の解説書である。本法は，わが国における働き方の多様化の進展に鑑み，筆者のようなフリーランスが，その委託された業務に安定的に従事することができる環境を整備するために制定された。
　フリーランスは，個人事業主として自らがビジネスの主体であると同時に，企業の外部リソースとして時には非常に労働者に近い立場に置かれる。フリーランスと一口に言っても，その存在は実に多様であり，事業主と労働者に似た立場の両面を持つ。そのようなフリーランスの存在を法律に投影した結果，本法は，下請法と労働法類似の規制が合体したハイブリッドな法律となった。

　本書は，本法の内容を総論的に解説する第1章と，本法についてQ＆A形式で解説する第2章で構成されている。第2章では，フリーランスに発注をする企業と，本法で保護されるフリーランスの双方にとって有益となるように，それぞれの目線を意識して書いている。各Qの横に，どちらの目線に立ったものなのか，あるいは双方の立場に共通する問いなのかということを記号で明示している。
　本法は，対象のフリーランスを「特定受託事業者」，これに該当する個人を「特定受託業務従事者」，フリーランスに委託を行う事業者を「業務委託事業者」，そのうち企業等の組織に該当する者を「特定業務委託事業者」と定義している。
　表記を統一するためには，本法のこれらの用語に沿って記述したほうがよいのであるが，特定，特定と連呼していると早々に読者の脳内でゲシュタルト崩壊が起きそうであることや，「あれ，特定業務委託事業者ってなんだっけ」「そ

そも，なんでこの本を読んでいるんだっけ」と読み進めていくうちにいろいろと忘れてしまう可能性があることを考慮し，あえて「発注事業者」や「フリーランス」などの平易な用語に置き換えたり，これらの語と併用したりしている箇所が多くある。不統一ではあるが，何卒ご理解いただきたい。

　最後に，本書を出版するにあたり，中央経済社の石井直人様に多大な御指導と御貢献をいただいた。この場を借りて厚く御礼を申し上げたい。

　また，個人的には，フリーランスとして長年働いていた父に本書を捧げることとしたい。今思い返せば，父が仕事を完成した後に報酬を一方的に減額されていたことがあった。一度や二度ではなかったのかもしれない。子ども心にも，「約束を守らないのはおかしいんじゃないか」と不条理を感じたものである。社会において利益がゆきわたる列の後方に並び，不況になると真っ先に削られる。そういう立場に置かれやすい人に安定的に業務に従事する環境を整えるというのは，至極大事なことである。

　本法が不当な行為からフリーランスを守り，わが国経済の健全な発展に寄与することを願ってやまない。

2024年12月吉日
執筆者を代表して

弁護士　**松田　世理奈**

目　　次

はしがき　i

第1章
法律の概観（全体の解説）――――――――――― 1

1　目的・概要・2
(1)　新法制定の背景・2
(2)　本法の目的および規制の概略・6
(3)　適用対象・11

2　法律制定経緯・14
(1)　本格的な議論の開始と「フリーランス・トラブル110番」の設置・14
(2)　ガイドラインの制定・17
(3)　実態調査等を踏まえた法案策定，本法成立・19

3　取引適正化パート・21
(1)　規制の概要・21
(2)　取引条件の明示（3条通知）・23
(3)　報酬の適正な支払期日・32
(4)　再委託の場合の取扱い・35
(5)　禁止行為・36
(6)　違反に対する措置・43

4　就業環境整備パート・44
(1)　規制の概要・44
(2)　募集情報の的確表示・45
(3)　育児介護等と業務の両立に対する配慮・54
(4)　ハラスメント対策に係る体制整備・61
(5)　解除等の事前予告・理由開示・69
(6)　違反に対する措置・80

ii 目　次

第2章
Q&A ————————————— 83

※以下，会社・フリーランス双方向けQ&Aには〈フ・企〉，フリーランス向けQ&A
には〈フ〉，会社向けQ&Aには〈企〉と付している。

I　総論

Q1　取引期間と本法の適用〈フ・企〉・84

1　継続性の有無による本法の規制の違い・84

2　業務委託の期間の算定方法・85

3　小括・91

Q2　独占禁止法・下請法との関係〈フ・企〉・92

1　本法と独占禁止法・下請法との適用関係・92

2　本法と下請法に基づく3条通知（3条書面）の関係・93

Q3　労働者該当性〈フ〉・96

1　「労働者」への本法の適用・96

2　「労働者」該当性の判断・97

Q4　契約書への記載事項〈企〉・101

1　特定受託事業者（フリーランス）に明示すべき事項・101

2　下請法の3条書面との異同・102

3　就業環境の整備に関する規制との関係・104

Q5　本法施行前の契約〈企〉・107

Q6　違反行為の是正〈企〉・109

1　取引適正化パートの違反に対する措置・109

2　勧告を受けないための対応・111

Q7　取引適正化規制の違反行為に対する救済〈フ〉・113

1　行政機関への申出・113

2　相談窓口・114

Q8　就業環境整備規制の違反行為に対する救済〈フ〉・115

1　外部への相談・115

2　業務委託におけるハラスメントがあった場合の会社に対する
損害賠償請求・118

目　次　Ⅲ

Q9　越境取引〈フ・企〉・120

Ⅱ　取引適正化パート
【1】対象となる範囲
Q1　特定受託事業者の範囲〈フ・企〉・122
   1　特定受託事業者の定義・122
   2　個人の場合・123
   3　法人の場合・124
   4　副業の場合・124
   5　判断の基準時・125

Q2　フリーランスが負う義務〈フ〉・126
   1　3条通知・126
   2　勧告等の措置・127
   3　報復措置の禁止・128

Q3　業務委託の範囲〈フ・企〉・129
   1　業務委託の定義・129
   2　民法上の契約類型との関係・130
   3　会社役員との委任関係・131

Q4　トンネル規制〈フ・企〉・132

【2】契約内容の明示
Q1　3条通知の方法〈企〉・134
   1　SNS等による明示・134
   2　書面交付に応じる義務を負う場合・135
   3　書面交付に応じる期間・137

Q2　共通事項の定め〈企〉・138
   1　3条通知の義務・138
   2　共通事項の定め・139
   3　留意点・139

Q3　給付の内容を明示できない場合〈企〉・141
   1　給付の内容の明示・141

IV　目　次

　　　2　明示できない場合の対応方法・142

Q4　変動型の報酬の明示等〈企〉・144

　　　1　変動型の報酬の明示・144

　　　2　経費に関する明示・145

　　　3　消費税等の明示・146

Q5　知的財産に関する取決め〈フ〉・147

　　　1　知的財産権に関する明示義務・147

　　　2　知的財産権の取扱い・148

【3】報酬の支払

Q1　報酬の支払期限〈企〉・150

　　　1　報酬の支払期日の原則・150

　　　2　継続的な役務の提供委託に関する例外・151

　　　3　金融機関の休業日の場合・151

Q2　報酬の支払手段〈企〉・153

　　　1　報酬の支払手段・153

　　　2　デジタル払いの留意点・153

Q3　フリーランスの過誤による支払遅延〈企〉・155

Q4　再委託の報酬の支払期日等〈企〉・157

　　　1　再委託の場合の報酬の支払期日・157

　　　2　前払金に関する配慮・158

【4】禁止行為

Q1　禁止行為の対象となる取引〈フ〉・160

　　　1　業務委託の内容・160

　　　2　業務委託の期間・161

Q2　任意解除〈企〉・163

Q3　報酬の減額〈企〉・165

　　　1　検討すべき論点・165

　　　2　報酬の減額に該当しない場合・165

　　　3　減じることができる金額・167

Q4　買いたたき〈フ〉・168

目　次　**V**

　　　1　買いたたきの定義・168

　　　2　従前の報酬の額との比較・168

　　　3　買いたたきに該当するおそれがある行為・169

　　　4　具体的な検討・170

　Q5　不当な経済上の利益の提供要請〈フ〉・171

　　　1　期間の確認・171

　　　2　不当な経済上の利益の提供要請・171

　　　3　報酬の減額・172

　Q6　違約金の条項等〈企〉・173

　Q7　不当なやり直し〈フ〉・175

　　　1　期間の確認・175

　　　2　不当なやり直し・175

　　　3　契約不適合責任を負う期間・176

　Q8　購入・利用強制の禁止〈企〉・178

　Q9　給付の内容の変更〈企〉・180

　　　1　給付内容の変更・180

　　　2　報酬の減額・181

Ⅲ　就業環境整備パート

【1】募集情報の的確表示

　Q1　特定の相手に対するDMによる情報提供〈企〉・183

　　　1　ダイレクトメッセージによる連絡が「広告等」に該当するか・183

　　　2　特定の相手に対する情報提供が的確表示義務の対象となるか・184

　Q2　労働者の募集との混同〈企〉・186

　　　1　労働者の募集であるにもかかわらず，特定受託事業者の募集であるかのように見える場合・186

　　　2　特定受託事業者の募集であるにもかかわらず，労働者の募集であるかのように見える場合・187

Q3 募集情報の提供義務〈フ〉・188
Q4 報酬額の表示〈企〉・191
    1 報酬額の表示の方法・191
    2 「最低報酬」に関する規制・192
Q5 合意による契約条件の変更〈フ〉・194
    1 合意による契約条件の変更・194
    2 フリーランスの意思表示の有効性・195
【2】育児介護等と業務の両立に対する配慮
Q1 育児介護等に関する事情の確認〈企〉・197
Q2 配慮義務の具体的な内容〈企〉・199
    1 本法13条違反となる例・199
    2 申出に対する配慮の例・201
Q3 配慮の内容〈企〉・203
Q4 不利益な取扱い〈フ〉・205
【3】ハラスメント対策に係る体制整備
Q1 セクハラの行為者,「業務委託に関して行われる」〈フ〉・207
    1 特定業務委託事業者の役員・従業員以外の者のセクハラも対象になるか・207
    2 打ち上げの二次会における行為が「業務委託におけるハラスメント」になるか・209
Q2 業務委託におけるマタハラ〈企〉・212
    1 当社から話し合いを求める場合・212
    2 デザイナーから配慮の申出がある場合・213
Q3 パタハラ・アルハラ〈フ〉・215
Q4 相談窓口の設置・周知〈企〉・217
    1 従業員向けの相談窓口の利用・217
    2 相談窓口のフリーランスに対する周知の方法・219
Q5 不利益取扱いの禁止〈企〉・221

目　次　**VII**

【4】解除等の事前予告・理由開示

Q1　基本契約がある場合の解除等の事前予告〈企〉・223

Q2　合意による契約終了〈フ〉・225

Q3　債務不履行解除の催告と事前予告〈企〉・227

Q4　即時解除〈企〉・229

Q5　電子メール等による事前予告・理由開示〈企〉・231

索引　233

凡　　例

【法令等　略語例】

略語	正式名称
本法（もしくは，法）	特定受託事業者に係る取引の適正化等に関する法律（令和5年法律第25号）
本施行令	特定受託事業者に係る取引の適正化等に関する法律施行令（令和6年政令第200号）
本公取委規則	公正取引委員会関係特定受託事業者に係る取引の適正化等に関する法律施行規則（令和6年公正取引委員会規則第3号）
本厚労省規則	厚生労働省関係特定受託事業者に係る取引の適正化等に関する法律施行規則（令和6年厚生労働省令第94号）
本指針	特定業務委託事業者が募集情報の的確な表示，育児介護等に対する配慮及び業務委託に関して行われる言動に起因する問題に関して講ずべき措置等に関して適切に対処するための指針（令和6年厚生労働省告示第212号）
本解釈ガイドライン	特定受託事業者に係る取引の適正化等に関する法律の考え方（令和6年5月31日公正取引委員会・厚生労働省）
本執行ガイドライン	特定受託事業者に係る取引の適正化等に関する法律と独占禁止法及び下請法との適用関係等の考え方（令和6年5月31日公正取引委員会）
本通達	特定受託事業者に係る取引の適正化等に関する法律の施行に伴い整備する関係政省令等の公布等について
本QA	特定受託事業者に係る取引の適正化等に関する法律（フリーランス・事業者間取引適正化等法）Q&A（令和6年12月18日時点版内閣官房）
本検討会報告書	特定受託事業者に係る取引の適正化に関する検討会報告書（令和6年1月公正取引委員会）
本パブリックコメント	「特定受託事業者に係る取引の適正化等に関する法律施行令（案）」等に対する意見の概要及びそれに対する考え方
独占禁止法	私的独占の禁止及び公正取引の確保に関する法律（昭和22年法律第54号）

凡　例　**IX**

下請法	下請代金支払遅延等防止法（昭和31年法律第120号）
下請法運用基準	下請代金支払遅延等防止法に関する運用基準（最終改正：令和6年5月27日公正取引委員会事務総長通達第4号）
派遣法	労働者派遣事業の適正な運営の確保及び派遣労働者の保護等に関する法律（昭和60年法律第88号）

第 **1** 章

法律の概観
（全体の解説）

2 第1章 法律の概観（全体の解説）

1 目的・概要[1]

(1) 新法制定の背景

近年，働き方の多様化が急速に進展している。

戦後のわが国においては，働き手が特定の企業に就職し定年まで勤め上げるという終身雇用が一般的な雇用形態であった。企業は，働き手に終身雇用を保証することにより，組織への構成員の帰属意識を高めるとともに，長期にわたり必要な労働力を確保することができ，働き手としても，突然の解雇を心配することなく安心して働くことができるというメリットがあった。戦後の右肩上がりの高度経済成長を背景に，わが国ではこのような安定的な雇用形態が広く定着した。

しかしながら，経済のグローバル化や生産年齢人口の減少等の様々な社会経済情勢の変動を受けて，働き手側の意識やニーズも変化し，伝統的な終身雇用の形態に縛られない「フリーランス」という働き方が普及し始めた。また，デジタル社会の進展に伴って，いわゆるギグワーカー，クラウドワーカー等の新しい働き方も定着しつつある。

1　内閣官房新しい資本主義実現本部事務局・公正取引委員会・中小企業庁・厚生労働省「特定受託事業者に係る取引の適正化等に関する法律（フリーランス・事業者間取引適正化等法）【令和6年11月1日施行】説明資料」（令和6年12月版）
https://www.cas.go.jp/jp/seisaku/atarashii_sihonsyugi/freelance/index.html

【図1－1】生え抜き社員[2]割合の推移[3]

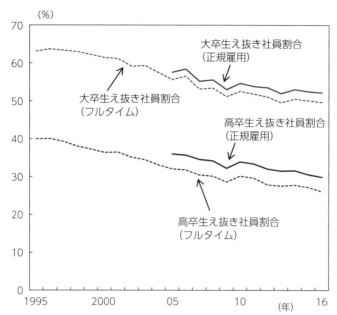

（備考）生え抜き社員の割合は，60歳以下のフルタイムまたは正規雇用者に占める割合を指す。

2　ここでいう「生え抜き社員」とは，若年期に入職してそのまま同一企業に勤め続ける者のことを指す。
3　厚生労働省職業安定局「我が国の構造問題・雇用慣行等について」（平成30年6月29日）（雇用政策研究会第3回資料）
　https://www.mhlw.go.jp/content/11601000/000358251.pdf

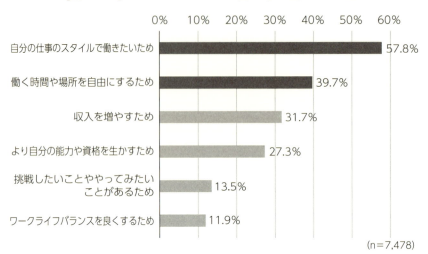

【図1-2】フリーランスという働き方を選択した理由[4]

(注)「フリーランスとしての働き方を選択した理由について，当てはまるものをお選びください。」（複数回答可）という設問への回答のうち上位6項目を集計。

【表1-1】ギグワーカー・クラウドワーカー

用語	意味
ギグワーカー	仕事の依頼者と請負者をマッチングするオンラインプラットフォームを通じて単発の仕事（ギグワーク）を請け負う働き手
クラウドワーカー	仕事の依頼者と請負者をマッチングするオンラインプラットフォーム（クラウドソーシングサービス）を通じてオンライン上で完結する情報処理等を請け負う働き手

しかしながら，個人としてのフリーランスは，組織たる発注事業者に比べて，その交渉力や情報収集力が弱いことから，必然的に取引上劣位の立場に置かれ，不公正な取引を迫られやすい。

---

[4] 内閣官房日本経済再生総合事務局「フリーランス実態調査結果」（令和2年5月）
https://www.kantei.go.jp/jp/singi/keizaisaisei/miraitoshikaigi/suishinkaigo2018/koyou/report.pdf

実際に，実態調査の結果によると，フリーランスの約4割が報酬の不払い，支払遅延などの取引先との何らかのトラブルを経験している[5]。

　フリーランスと取引先のトラブルの内容としては，例えば，①発注の時点で報酬や業務の内容などが明示されなかった，②報酬の支払が遅れた・期日に支払われなかった，③報酬の未払いや一方的な減額があった等が挙げられる[6]。いずれもフリーランス側からすれば不都合な事態であるものの，今後の取引が打ち切られることなどをおそれて，交渉せずに受け入れて泣き寝入りするという結果になることも珍しくない。

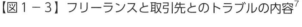

【図1－3】フリーランスと取引先とのトラブルの内容[7]

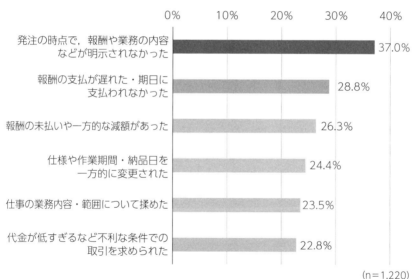

(注)「これまでに，取引先（発注者）との間で，以下のような経験はありますか。」(複数回答可)という設問への回答のうち上位6項目を集計。

5　内閣官房新しい資本主義実現会議事務局・公正取引委員会・厚生労働省・中小企業庁令和3年度フリーランス実態調査結果
　https://www.chusho.meti.go.jp/keiei/torihiki/download/freelance/chousa_r3.pdf
6　前掲注4令和2年フリーランス実態調査結果
7　前掲注4令和2年フリーランス実態調査結果

6　第1章　法律の概観（全体の解説）

　また，厚生労働省が委託事業として行う「フリーランス・トラブル110番」[8]では，取引条件等に関するトラブルのほか，ハラスメントなど就業環境に関する相談も寄せられている。特定の組織に縛られないフリーランスは，自由で柔軟な働き方が選択できる反面，ハラスメント等から保護される法的な仕組みがないため，その就業環境を害されるリスクがある。

　このような状況を踏まえ，わが国において，フリーランスを含む多様な働き方を支援するため，それぞれのニーズに応じて柔軟に選択できる適切な環境を整備することが喫緊の課題と目された。

(2)　本法の目的および規制の概略

　(1)で述べた事情を背景として，わが国における働き方の多様化の進展に鑑み，個人が事業者（フリーランス）として受託した業務に安定的に従事することができる環境を整備するため，2023年4月28日，本法が可決・成立し，同年5月12日に公布された。本法の施行期日は，2024年11月1日である。

　本法の制定趣旨は，事業者間の業務委託における「個人」と「組織」の間における交渉力や情報収集力の格差，それに伴う「個人」たる受注事業者の取引上の弱い立場に着目し，発注事業者とフリーランスの業務委託に係る取引全般に業種横断的に共通する最低限の規律を設けるということにある。

　そのため，本法は，フリーランスに関するあらゆる取引に適用があるわけではなく，フリーランスが業務委託を受ける取引についてのみ適用される。

8　第二東京弁護士会にて行われる弁護士による無料の電話・メール・面談を通じた相談および紛争解決の和解あっせん事業（2020年11月25日開始）
　公式ホームページ　https://freelance110.jp/

1 目的・概要 **7**

〈参考〉第211回国会　内閣委員会　第10号（2023年4月5日（水曜日））会議録

○三浦政府参考人　お答え申し上げます。

　昨年の臨時国会においては，与党での法案審査におきまして，本法案の性格でありますとか，本法案において保護の対象とするフリーランスについての考え方について議論がございまして，更に検討を継続すべく，法案の提出を見送ることとしたということでございます。

　その後，政府において与党とも議論をしながら検討を進め，まず，本法案については，従業員を使用せず1人の個人として業務委託を受ける受託事業者と，従業員を使用して組織として事業を行う発注事業者との間の取引について，交渉力などに格差が生じるということを踏まえ，下請代金支払遅延等防止法と同様の規制を行い，最低限の取引環境を整備するものであるというような法案の性格について整理を行う。若しくは，フリーランスは一般に特定の組織に属さず個人で業務を行う方のことをいうわけでございますけれども，今回の法案において保護対象となるフリーランスについては，フリーランス全体ということではなくて，このうち事業者から業務委託を受けるフリーランスであるということを明確にするために，フリーランスの名称についても特定受託事業者とするといったような点につきまして整理を行い，与党の了承も得て，本法案を国会に提出させていただいたというところでございます。

　本法の目的は，大別して2つである。1つは，個人として業務委託を受けるフリーランスと発注事業者の間の取引の適正化を図ること（取引の適正化），もう1つは，フリーランスの就業環境の整備を図ること（就業環境の整備）である（法1条）。

【図1－4】本法の目的[9]

〈参考〉関連条文

> (目的)
> 第1条　この法律は、我が国における働き方の多様化の進展に鑑み、個人が事業者として受託した業務に安定的に従事することができる環境を整備するため、特定受託事業者に業務委託をする事業者について、特定受託事業者の給付の内容その他の事項の明示を義務付ける等の措置を講ずることにより、特定受託事業者に係る取引の適正化及び特定受託業務従事者の就業環境の整備を図り、もって国民経済の健全な発展に寄与することを目的とする。

　このような目的を達成するにあたり、本法では、新たな規制として、発注事業者に対し、①取引の適正化を図るため、フリーランスに業務委託した際の取引条件の明示等を義務づけ、報酬の減額や受領拒否などを禁止するとともに、②就業環境の整備を図るため、フリーランスの育児介護等に対する配慮やハラスメント行為に係る相談体制の整備等を義務づけている。

　前者（①）は下請法類似の規制であって公正取引委員会が所管し、後者（②）は労働法類似の規制であって厚生労働省が所管する。以下本書では、前者を「取引適正化パート」、後者を「就業環境整備パート」ということがある。本法は、このような2種類の法規制が合体した体系となっている。

9　公正取引委員会ウェブサイト
　https://www.jftc.go.jp/freelancelaw_2024/index.html

【図1－5】条文の区分

第1章 総則
　第1条 目的
　第2条 定義
第2章 特定受託事業者に係る取引の適正化
　第3条 特定受託事業者の給付の内容その他の事項の明示等
　第4条 報酬の支払期日等
　第5条 特定業務委託事業者の遵守事項
　第6条 申出等
　第7条 中小企業庁長官の請求
　第8条 勧告
　第9条 命令
　第10条 私的独占の禁止及び公正取引の確保に関する法律の準用
　第11条 報告及び検査

取引適正化
（下請法類似）
パート

第3章 特定受託業務従事者の就業環境の整備
　第12条 募集情報の的確な表示
　第13条 妊娠，出産若しくは育児又は介護に対する配慮
　第14条 業務委託に関して行われる言動に起因する問題に関して
　　　　講ずべき措置等
　第15条 指針
　第16条 解除等の予告
　第17条 申出等
　第18条 勧告
　第19条 命令等
　第20条 報告及び検査

就業環境整備
（労働法類似）
パート

第4章 雑則
第5章 罰則

　本法の具体的な規制は，(i)発注事業者が個人（フリーランス）か組織か，(ii)業務委託が継続的なものかどうかという2つの基準により，その内容が異なってくるもので，やや複雑な内容となっている。

　発注事業者に対する規制は，(i)発注事業者が個人である場合には最も緩やかであり，(ア)発注事業者が組織であって，(イ)6か月以上の継続的な業務委託である場合には，最も厳しくなっている。注意が必要なのは，(i)発注事業者がフリーランスである場合も，本法の規制対象になるということである。

　つまり，本法は，業務委託の取引に関し，フリーランスを保護する側面もあれば，フリーランスからの発注行為に関し一定の規律を設けるという側面もあ

るということである。

【図1-6】本法の規制分類

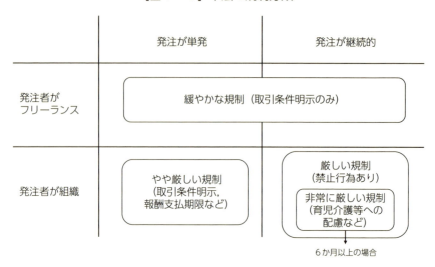

【図1-7】本法の規制概要[10]

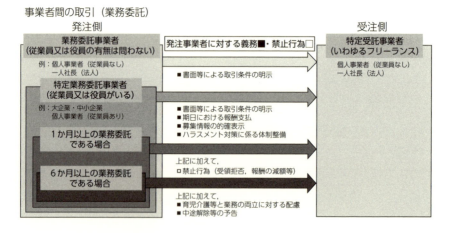

(3) 適用対象

本法で保護の対象となる者は「特定受託事業者」と「特定受託業務従事者」である。

まず，特定受託事業者は，取引適正化（下請法類似）パートで保護の対象となる事業主体としてのフリーランスを指す用語である。

特定受託事業者とは，業務委託の相手方である事業者（商業，工業，金融業その他の事業を行う者）であって，①個人であって，従業員を使用しないもの，②法人であって，一の代表者以外に他の役員（理事，取締役，執行役，業務を執行する社員，監事もしくは監査役またはこれらに準ずる者をいう）がなく，かつ，従業員を使用しないもののいずれかに該当するものをいい（法2条1項），組織としての実態を有しないものである[11]。

次に，特定受託業務従事者は，就業環境整備（労働法類似）パートで保護の対象となるフリーランス個人を指す用語である。

特定受託業務従事者とは，特定受託事業者である個人および特定受託事業者である法人の代表者をいうものとされ（法2条2項），要するに特定受託事業者に該当する自然人のことを指す。

10　前掲注1本法の説明資料6頁
11　本解釈ガイドライン第1部1

【図1-8】特定受託事業者の範囲[12]

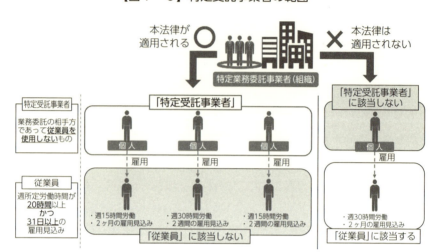

　これに対し、規制を受ける発注事業者側については、「業務委託事業者」と「特定業務委託事業者」という2つの類型が設けられている。

　業務委託事業者は、特定受託事業者（本法で保護の対象となるフリーランス）に業務委託をする事業者のことをいい（法2条5項）、このうち、組織に該当する者（フリーランスでない者）を特定業務委託事業者という（同6項）。

　また、本法は、業務委託に関するフリーランスとの取引に適用されるところ、ここでいう「業務委託」とは、事業者がその事業のために他の事業者に①物品の製造（加工を含む）、②情報成果物の作成、または③役務の提供を委託する行為[13]をいう（法2条3項）。

　「その事業のため」に委託するとは、当該事業者が行う事業の用に供するために委託することをいう（本解釈ガイドライン第1部1(2)柱書）。

　また、ここでいう「情報成果物」とは、(i)プログラム（例：ゲームソフト、会計ソフト、顧客管理システム等）、(ii)映画、放送番組その他影像または音声

12　前掲注1本法の説明資料5頁
13　下請法上の修理委託は、本法では役務の提供の委託に含まれると整理されている（本QA問25）。

その他の音響により構成されるもの（例：テレビ番組，テレビCM，アニメーション等），(ⅲ)文字，図形もしくは記号もしくはこれらの結合またはこれらと色彩との結合により構成されるもの（例：設計図，商品のデザイン，コンサルティングレポート等）である（本解釈ガイドライン第1部1⑵イ㋐）。

【表1－2】業務委託の類型

類型	内容
物品の製造の委託	仕様，内容等を指定して動産の製造（原材料に一定の工作を加えて新たな物品を作り出すこと（加工を含む））を依頼すること
情報成果物の作成の委託	仕様，内容等を指定して情報成果物（プログラム，映像コンテンツ，設計図，商品のデザイン，コンサルティングレポート，広告等）の作成を依頼すること
役務の提供の委託	サービスの内容等を指定してサービス（労務または便益）の提供を依頼すること

〈参考〉関連条文

（定義）
第2条　この法律において「特定受託事業者」とは，業務委託の相手方である事業者であって，次の各号のいずれかに該当するものをいう。
　一　個人であって，従業員を使用しないもの
　二　法人であって，一の代表者以外に他の役員（理事，取締役，執行役，業務を執行する社員，監事若しくは監査役又はこれらに準ずる者をいう。第6項第2号において同じ。）がなく，かつ，従業員を使用しないもの
2　この法律において「特定受託業務従事者」とは，特定受託事業者である前項第一号に掲げる個人及び特定受託事業者である同項第二号に掲げる法人の代表者をいう。
3　この法律において「業務委託」とは，次に掲げる行為をいう。
　一　事業者がその事業のために他の事業者に物品の製造（加工を含む。）又は情報成果物の作成を委託すること。
　二　事業者がその事業のために他の事業者に役務の提供を委託すること（他の事業者をして自らに役務の提供をさせることを含む。）。
（略）

5　この法律において「業務委託事業者」とは，特定受託事業者に業務委託をする事業者をいう。
　6　この法律において「特定業務委託事業者」とは，業務委託事業者であって，次の各号のいずれかに該当するものをいう。
　　一　個人であって，従業員を使用するもの
　　二　法人であって，二以上の役員があり，又は従業員を使用するもの
（略）

2 ┃ 法律制定経緯[14]

(1)　本格的な議論の開始と「フリーランス・トラブル110番」の設置

　上記のとおり，働き方の多様化が急速に進展し，フリーランスと呼ばれる働き方も増えるなかで，本法につながる最初の本格的な議論がなされたのは，2019年の全世代型社会保障検討会議の中間報告であった。この時点ではまだ法律制定などについては触れられていないものの，「多様な働き方の一つとして，希望する個人が個人事業主・フリーランスを選択できる環境を整える必要がある。一方，フリーランスと呼ばれる働き方は多様であり，労働政策上の保護や競争法による規律について様々な議論がある。このような議論があることも踏まえ，内閣官房において，関係省庁と連携し，一元的に実態を把握・整理した上で，最終報告に向けて検討していくこととする」と記載されている[15]。

　そして，2020年7月に閣議決定された「成長戦略実行計画」において，フリーランスとして安心して働ける環境を整備するため，政府として一体的に，

14　前掲注1 本法の説明資料1頁,
　　第211回国会 内閣委員会 第10号（令和5年4月5日）会議録
　　https://www.shugiin.go.jp/internet/itdb_kaigiroku.nsf/html/kaigiroku/000221120230405010.htm#TopContents
15　全世代型社会保障検討会議 中間報告（令和元年12月19日，全世代型社会保障検討会議）
　　8～9頁　https://www5.cao.go.jp/keizai-shimon/kaigi/minutes/2019r/1219/shiryo_02.pdf

保護ルールの整備（ガイドラインの策定，立法的対応の検討等）を行うこととされた。

また，同年11月からは，少しでも早い対策として，法整備を待たずに，厚生労働省が公正取引委員会・中小企業庁と連携して，フリーランスと発注事業者等との取引上のトラブル（契約内容のトラブル，報酬の未払いやハラスメント等）について，フリーランスが，常駐する弁護士にワンストップで相談できる窓口として，「フリーランス・トラブル110番」が設置された。この窓口では，フリーランスが，電話やメール，対面・オンライン等で弁護士に個別相談をすることができる。そして，トラブルの内容に応じて，法律上とり得る対応等のアドバイスを受けることができ，また，必要に応じて和解あっせん手続や労働基準監督署等の関係機関の案内を受けられる[16]。

「フリーランス・トラブル110番」の和解あっせん手続は，弁護士が相談者と相手方の話を聞いて，利害関係を調整したり，解決案を提示したりすることで和解を目指す手続である。裁判とは異なり，申立てが簡単で解決までに要する期間が短く，審理が非公開の手続であり，費用も無料であるため，フリーランスにとって気軽に利用しやすい手続になっている。例えば，報酬未払いの場合の請求額は数十万円程度のことも多く，このような場合，弁護士に委任して交渉や訴訟を行うという手段はとりにくいが，この和解あっせん手続であれば利用しやすいと思われる。もっとも，相手方が和解あっせん期日に出席しなければ手続を進めることはできず（これまで申立てがあった案件のうち相手方が出席した割合は7割程度とのことである），また，弁護士が提示する解決案に拘束力はないため，双方が任意に合意しなければ，この手続によってトラブルを解決することはできない[17]。

16　厚生労働省「フリーランス・トラブル110番」ウェブページ（運営事業者：第二東京弁護士会）　https://freelance110.mhlw.go.jp/

17　前掲注16

16　第1章　法律の概観（全体の解説）

【図2−1】「フリーランス・トラブル110番」の相談の流れ[18]

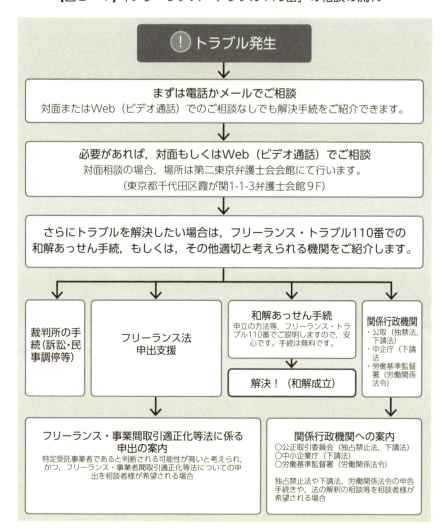

　本法施行後は，相談者が，本法違反について行政の対応を求める場合等，相談の内容によっては必要に応じ，本法の所管省庁（公正取引委員会，中小企業

18　前掲注16に基づいて筆者作成

庁，厚生労働省）への申出を案内することも行われる。さらに，本法が適用されない取引上のトラブルについての相談（例えば，発注者がフリーランスや消費者であるなど特定業務委託事業者に当たらない場合や，相談内容がフリーランスからの契約解除，発注事業者からの損害賠償請求など法に定めのない事項である場合）についても，相談者の希望に応じて，和解あっせんを実施する対応が行われる[19]。

【表2-1】「フリーランス・トラブル110番」の和解あっせんと
民事調停・裁判との比較[20]

	和解あっせん	民事調停	裁判
担当	弁護士が担当	弁護士に限らない	裁判官が担当
時間や場所	任意の場所/ 任意の時間 必要に応じ，休日や夜間，ウェブなどで行うことも可能ですので，ご希望の方はお申し出ください。	裁判所が指定した日時/裁判所 基本的には平日夕方17時まで	裁判所が指定した日時/裁判所
公開か非公開か	非公開	非公開	公開

(2) ガイドラインの制定

2021年3月には，事業者とフリーランスとの取引について，独占禁止法，下請法，労働関係法令の適用関係を明らかにするとともに，これら法令に基づく問題行為を明確化するため，「フリーランスとして安心して働ける環境を整備するためのガイドライン」（内閣官房，公正取引委員会，中小企業庁，厚生労働省）[21]（以下「本ガイドライン」という）が策定された。

例えば，本ガイドラインには，報酬の減額や，やり直しの要請といった行為について，「下請法の規制の対象となる場合」には下請法違反となり得る旨が

19　前掲注1 本法の説明資料18頁
20　前掲注16
21　https://www.mhlw.go.jp/content/001318001.pdf

記載されており，本法施行後は，本法の規制に包含される内容が含まれているといえる。他方で，本法が本ガイドラインの内容をすべて網羅しているわけではなく，本法施行後も本ガイドラインが参照される場面が想定される。例えば，労働関係法令の適用に関して，本ガイドラインにおいては，形式的には雇用契約を締結していないフリーランスであっても，「労働者」に該当して労働関係法令が適用される場合（その判断基準）が明確化されており，このような内容は本法には含まれていないことから，本法施行後も，本法と本ガイドラインの考え方が併存することになる。本法施行日直前の令和6年10月18日には，本ガイドラインが改定され，本法の内容を踏まえて構成の整理や内容の追記が行われた。

〈参考〉第211回国会　内閣委員会　第10号（2023年4月5日（水曜日））会議録

○井坂委員　大臣が今答弁いただいた，幾つかの，今の法案の中のことで規制ができる部分もあると思います。しかし一方で，買いたたきとか一方的な経済利益提供強要以外にも，例えば，今，運送業などでは，受託側が勝手にやめたら罰金などの一方的な条件設定などもされているというふうに聞きます。フリーランス一一〇番の相談内容の第一位は報酬の遅れ，第2位は報酬の減額でしたけれども，第3位は，まさにこの取引条件の一方的な設定というのが実際に一一〇番に寄せられている相談の第3位であります。是非，大臣，この一方的な契約条件の設定というのは，元々，フリーランスのガイドラインには明記されていた項目でありますから，これも正面から禁止事項に入れるということを，今後検討ぐらいはしていただきたいというふうに思いますが，いかがでしょうか。

○後藤国務大臣　今御説明したように，まずは，買いたたき等による不利益行為の是正を図ることとして，本法案を適切に執行するということで努力してまいりたいというふうに思っておりますけれども，その上で，本法案附則の検討規定に基づきまして，買いたたきの禁止等の措置によって特定受託事業者に係る取引の適正化が十分に図られているかどうか，禁止行為の拡充の要否も含めて，施行後3年をめどに検討を行ってまいりたいというふうに考えます。

　　　（中略）

○井坂委員　……もう一歩突っ込んで議論したいのは，元々これもフリーランスのガイドラインでは，不当な経済上の利益提供といった，今大臣がおっしゃった項目とはあえて分けて，別項目で明確に，問題のある行為として書かれていたわけです。しかし，本法案では抜け落ちてしまいました。この不当な経済上の利益提供というのは，いわばオプション的な禁止事項でありますが，一方で，納品するのが映像やデザインなどの情報成果物の場合は，著作権がどちらに帰属するのかとか二次利用の問題などは，これは業務委託の成果物のまさに中心的なテーマになってまいります。

　大臣に重ねて伺いますが，現時点での御答弁は先ほど賜りましたが，不当な利益提供と分けて，やはり知財など成果物に係る権利の一方的な取扱いを正面から禁止をしたり，あるいは，冒頭議論した第3条の条件明示の項目にきちんとこの成果物の権利の取扱いも入れるなどといったことも，今後議論，検討していただけないでしょうか。

○後藤国務大臣　先ほども答弁したように，まずは，本法案を適切に執行することによりまして，成果物に係る権利の一方的な取扱い等の不利益行為の是正を図ることとしたいというふうに考えます。その上で，委員からお尋ねでありますので，本法案附則の検討規定に基づきまして，本法案の措置によって特定受託事業者に係る取引の適正化が十分に図られているかどうか，第3条の書面で明示すべき事項の拡充の要否，第5条の禁止行為の拡充の要否も含めて，施行後3年をめどに検討を行ってまいりたいと存じます。

　（中略）

○後藤国務大臣　労働基準法等の適用については，業務委託や請負等の契約の名称にかかわらず，実態を勘案して総合的に判断することになっておりますし，いわゆるフリーランスと呼ばれる方であっても，こうした判断の結果，労働者と認められる場合には，今回の新法とは関係なく，労働基準法等の適用をしてまいります。引き続き，労働基準監督署においてもこうした取扱いの徹底を図るとともに，フリーランスの労働者性の判断基準に関するガイドラインの周知徹底を図りまして，労働基準法等による保護が適切に行われるように努めてまいりたいと思います。

(3)　実態調査等を踏まえた法案策定，本法成立

　その後，実態調査やフリーランス・トラブル110番などにおいて，フリーランスが取引先との関係で様々な問題・トラブルを経験していることが顕著に

なった。例えば，上記1(1)でも述べたとおり，令和3年度の実態調査によれば，フリーランスの約4割が，報酬不払い，支払遅延などを含めて「依頼者から納得できない行為を受けたことがある」とのことであり，また，約4割が，業務開始前に取引条件や業務の内容が書面等（保存・記録可能な方法）で示されていないか，不十分な記載のものしか受け取っていないとのことであった[22]。さらに，フリーランス・トラブル110番では，報酬の支払に関する相談が多く寄せられているほか，ハラスメントなど就業環境に関する相談も寄せられていた[23]。

このような背景を受けて，2022年になると，本格的に法整備に向けて動き始め，同年6月に閣議決定された「新しい資本主義のグランドデザイン及び実行計画」では，「取引適正化のための法制度について検討し，早期に国会に提出する」とされた。

その後，法案の策定にあたって，フリーランス・トラブル110番に寄せられた1万件を超える相談内容について個別概要の聴取が行われ，また，フリーランス協会や中小企業三団体などフリーランス側と発注者側，さらに，経済団体，労働団体などの関係者との意見交換が行われた上，パブリックコメントにより広く一般に意見募集が行われた。

もっとも，2022年の国会においては，保護の対象とするフリーランスの考え方などについてさらに検討を継続する必要があるとのことで，法案の提出は見送られた。その後，2023年2月に本法の法案が閣議決定されて国会に提出され，同年4月に本法成立に至った。

なお，本法について，下請法の改正ではなく，新法として法案提出されたのは，下請法では資本金1千万円以下の事業者とフリーランスとの間の取引が規制対象とならないこと，また，下請法は個人の就業環境整備に関する規制にはなじまないことによる。

22　前掲注5実態調査結果Q32-1，Q26
23　前掲注1本法の説明資料3頁

【表2-2】本法施行までの経緯[24]

本法律施行までの経緯	
年月	主な経緯
2020.7	「成長戦略実行計画」閣議決定 ・政府として一体的に，フリーランスの保護ルールの整備（「実効性のあるガイドラインの策定」「立法的対応の検討」等）を行う
2020.11	厚労省・中企庁・公取委，フリーランス・トラブル110番を設置
2021.3	「フリーランスとして安心して働ける環境を整備するためのガイドライン」を策定
2021.6	「成長戦略実行計画」閣議決定 ・フリーランスとして安心して働ける環境を整備するため，事業者とフリーランスの取引について，書面での契約のルール化など，法制面の措置を検討
2021.11	「緊急提言〜未来を切り拓く「新しい資本主義」とその起動に向けて〜」 ・フリーランス保護のための新法を早期に国会に提出する
2022.6	「新しい資本主義のグランドデザイン及び実行計画」閣議決定 ・取引適正化のための法制度について検討し，早期に国会に提出する
2022.9	「フリーランスに係る取引適正化のための法制度の方向性」に関する意見募集
2023.2	「特定受託事業者に係る取引の適正化等に関する法律案」閣議決定，国会提出
2023.4	同法案の国会審議　可決　成立
2023.5	同法の公布（令和5年法律25号）
2024.5	政省令等の公布
2024.11	本法律の施行

3 取引適正化パート

(1) 規制の概要

まず，特定受託事業者（フリーランス）に業務委託を行う場合には，発注事

---

24 前掲注1本法の説明資料1頁

22 第1章 法律の概観（全体の解説）

業者は所定の取引条件を書面または電磁的方法によって，特定受託事業者に明示しなければならない（取引条件の明示／法3条1項）。これは，発注事業者がフリーランスである場合も同様である。

　次に，発注事業者が企業等の組織である場合（すなわちフリーランスではない場合），取引条件の明示に加え，(i)一定の期間内に報酬を支払うことが義務づけられ（報酬の適正な支払期日／法4条），(ii)継続的な取引の場合には，受領拒否や報酬の減額等の一定の行為が禁止される（法5条）。

　このほか，発注事業者がフリーランスか企業等の組織であるかを問わず，発注事業者は，特定受託事業者（フリーランス）が発注事業者の本法違反行為を規制当局（公正取引委員会または中小企業庁長官）に申し出たことを理由として，取引数量を減らしたり，取引を停止したりするなどの不利益な取扱いをしてはならない（報復措置の禁止／法6条3項）。

　これは，下請法4条1項7号と同様[25]，特定受託事業者が，業務委託事業者の報復をおそれず，公正取引委員会や中小企業庁長官に対し，業務委託事業者の本法違反行為を申告できるようにするためである。

　仮に業務委託事業者からの報復措置がまかり通ってしまうと，受注事業者であるフリーランス側が結局泣き寝入りすることにつながってしまい，本法による保護の実効性が低減してしまうため，必要な規定である。

〈参考〉関連条文

（申出等）
第6条　業務委託事業者から業務委託を受ける特定受託事業者は，この章の規定に違反する事実がある場合には，公正取引委員会又は中小企業庁長官に対し，その旨を申し出て，適当な措置をとるべきことを求めることができる。
2　公正取引委員会又は中小企業庁長官は，前項の規定による申出があったときは，必要な調査を行い，その申出の内容が事実であると認めるときは，この法律に基づく措置その他適当な措置をとらなければならない。

25　公正取引委員会・中小企業庁「下請取引適正化推進講習会テキスト」（2021年11月）1 (5)キ

3　取引適正化パート　**23**

> 3　業務委託事業者は，特定受託事業者が第一項の規定による申出をしたことを理由として，当該特定受託事業者に対し，取引の数量の削減，取引の停止その他の不利益な取扱いをしてはならない。

【表3－1】取引適正化パートの規制

項目	内容	規制を受ける場面
取引条件の明示 （法3条1項）	業務委託をした場合はただちに，給付の内容，報酬の額，支払期日その他の事項を，書面または電磁的方法により明示しなければならない	・すべての発注
支払遅延の禁止 （法4条）	原則として給付を受領した日から60日以内のできる限り短い期間内に，報酬を支払わなければならない	・企業等の組織による発注
一定の行為の禁止（法5条）	受領拒否，報酬の減額，返品，買いたたき，購入・利用強制，不当な経済上の利益の提供要請および不当な給付内容の変更および不当なやり直しを行ってはならない	・企業等の組織による1か月以上の継続的な発注のみ
報復措置の禁止 （法6条3項）	規制当局に本法違反行為を申し出たことを理由として，取引を停止するなどの不利益な取扱いをしてはならない	・すべての発注

(2)　取引条件の明示（3条通知）

　業務委託事業者（発注事業者）は，特定受託事業者（フリーランス）との間で業務委託について合意をした場合，ただちに，本公取委規則で定めるところにより，明示すべき事項を，書面または電磁的方法により特定受託事業者に対し明示しなければならない（法3条1項）。この書面等による通知（明示）は，本法3条に基づくものであるため，「3条通知」と呼ばれる。

　3条通知は，電子メール，ショートメッセージ，SNSのダイレクトメッセージ（第三者が閲覧できないもの）により行うことができる（本公取委規則2条1項1号）。また，3条通知の記載事項を記録した記録媒体（USBメモリや

24 第 1 章 法律の概観（全体の解説）

CD-R 等）を交付することでもよい（同 2 条 1 項 2 号）。

　業務委託事業者は，3 条通知を電磁的方法により提供することについて，事前に特定受託事業者の承諾を得る必要はないものの，特定受託事業者から，書面の交付を求められた場合には，特定受託事業者の保護に支障を生ずることがない場合を除き，書面を交付しなくてはならない（法 3 条 2 項）。

　特定受託事業者の保護に支障を生ずることがない場合とは，(i)特定受託事業者からの求めに応じて電磁的方法で明示した場合（本公取委規則 5 条 2 項 1 号），(ii)定型約款によりインターネットのみを通じて締結された契約で，インターネットで定型約款を閲覧できる場合（同 2 号）[26]，または(iii)すでに書面を交付している場合（同 3 号）を指す。

　3 条通知で明示しなければならない事項は，次のとおりである。

---

① 双方当事者の商号等（本公取委規則 1 条 1 項 1 号）
② 委託日（同 2 号）
③ 給付の内容（同 3 号）
④ 納品等の期日・期間（同 4 号）
⑤ 納品等の場所（同 5 号）
⑥ 検査の完了期日（同 6 号）
⑦ 報酬の額および支払期日（同 7 号および同条 3 項）
⑧ 現金以外の方法で報酬を支払う場合の明示事項（同 8 号から 11 号まで）
⑨ 内容が定められない事項がある場合の明示事項等（同条 4 項および 4 条）
⑩ 共通事項がある場合の明示事項等（同 3 条）

26　(i)でも(ii)でも，特定受託事業者の責めに帰すべき事由がないのに閲覧をできなくなったときは，この限りでない（本公取委規則 5 条 2 項柱書かっこ書）。

3　取引適正化パート　25

【図3−1】3条通知の書式例[27]

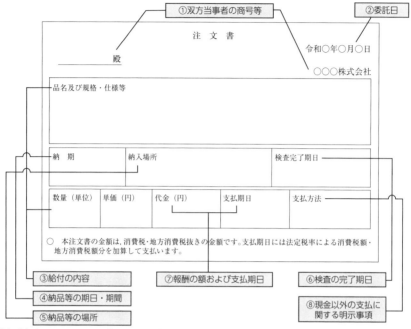

〈出典〉https://www.jftc.go.jp/shitauke/legislation/index_files/R4textbook-re.pdfに基づいて筆者作成

〈参考〉関連条文

(特定受託事業者の給付の内容その他の事項の明示等)
第3条　業務委託事業者は，特定受託事業者に対し業務委託をした場合は，直ちに，公正取引委員会規則で定めるところにより，特定受託事業者の給付の内容，報酬の額，支払期日その他の事項を，書面又は電磁的方法（電子情報処理組織を使用する方法その他の情報通信の技術を利用する方法であって公正取引委員会規則で定めるものをいう。以下この条において同じ。）により特定受託事業者に対し明示しなければならない。ただし，これらの事項のうちその内容が定められないことにつき正当な理由があるものについては，その明示を要しない

27　公正取引委員会が公表する「下請代金支払遅延等防止法第3条に規定する書面に係る参考例」書式例1を加工した。
　　https://www.jftc.go.jp/shitauke/legislation/index_files/R4textbook-re.pdf

ものとし，この場合には，業務委託事業者は，当該事項の内容が定められた後直ちに，当該事項を書面又は電磁的方法により特定受託事業者に対し明示しなければならない。

2　業務委託事業者は，前項の規定により同項に規定する事項を電磁的方法により明示した場合において，特定受託事業者から当該事項を記載した書面の交付を求められたときは，遅滞なく，公正取引委員会規則で定めるところにより，これを交付しなければならない。ただし，特定受託事業者の保護に支障を生ずることがない場合として公正取引委員会規則で定める場合は，この限りでない。

3条通知の各記載事項について，本解釈ガイドライン第2部第1の1に詳細に解説されているが，ポイントは以下のとおりである。

① 双方当事者の商号等

3条通知には，業務委託事業者および特定受託事業者の商号，氏名もしくは名称または事業者別に付された番号，記号その他の符号であって業務委託事業者および特定受託事業者を識別できるものを記載する必要がある。

双方の当事者を特定する事項（例えば，発注企業の名称とフリーランスの屋号）については，発注書面に通常記載されていると思われるので，実務上あまり問題にならないと思われる。正式な氏名や登記されている名称に限らず，双方の当事者を識別できる情報が記載されていれば，3条通知の記載事項としては足りる。

② 委託日

3条通知には，業務委託をした日を記載する必要がある。業務委託をした日とは，業務委託事業者と特定受託事業者との間で，業務委託をすることについて合意した日をいう。

③ 給付の内容

3条通知に記載する給付の内容とは，物品の製造の委託または情報成果物の作成の委託にあっては，業務委託事業者が特定受託事業者に委託した業務が遂

行された結果，特定受託事業者から提供されるべき物品および情報成果物の内容を指し，役務の提供を委託した場合にあっては，特定受託事業者から提供されるべき役務の内容を指す。

3条通知では，給付の内容について，その品目，品種，数量，規格，仕様等を明確に記載する必要がある。

このほか，業務委託の目的たる使用の範囲を超えて，給付に係る物品や情報成果物等に関し，特定受託事業者が保有する知的財産権を譲渡・許諾させる場合，業務委託事業者は，給付の内容の一部として，当該知的財産権の譲渡・許諾の範囲を明確に記載する必要がある。

給付の内容を明示することは，受領拒否や支払遅延等のトラブルを防止することにつながるので，業務委託事業者にとっても特定受託事業者にとっても重要である。給付の内容の明示にあたっては，特定受託事業者にとって業務委託の内容（具体的に何を提供するのかという点）が理解できるように記載すべきである[28]。

④ 納品等の期日・期間

特定受託事業者の給付を受領し，または役務の提供を受ける期日・期間について，明示する必要がある。例えば，一定の期間にわたる継続的な役務の提供を委託した場合には，その期間を3条通知に記載することになる。

⑤ 納品等の場所

特定受託事業者の給付を受領し，または役務の提供を受ける場所を明示する必要がある。

ただし，主に役務の提供委託において，委託内容自体に役務の提供場所が明示されている場合や，役務の提供場所の特定が不可能な場合には，別途場所を改めて明示する必要はない。

---

28 本検討会報告書第2の3

また，主に情報成果物の作成委託において，電子メール（ウェブメールやクラウドメールサービスを含む）等を用いて給付を受領する場合には，納品等の場所として，情報成果物の提出先である電子メールアドレス等を明示すれば足りる。

⑥　検査の完了期日

特定受託事業者の給付の内容について検査をする場合は，その検査を完了する期日を3条通知に記載しなければならない[29]。

なお，どのような検査や検収方法によるかという点までは明示する必要がないとされている。3条通知は，フリーランスが発注事業者となる場合にも求められるため，発注事業者側に過大な負担とならないように配慮されたためである。受領拒否や支払遅延等のトラブルを防止するためには，前記③の給付の内容を明示することで足りると考えられた[30]。

⑦　報酬の額および支払期日

委託業務の遂行の結果，特定受託事業者の給付に対し支払うべき代金の額（報酬の額）と，その支払日を明示する必要がある。報酬の額は，具体的な金額を明確に記載することが原則である。

他方で，例えばタイムチャージで報酬を支払う場合や原材料費等に連動して報酬の額が変動する場合など，具体的な金額を明示することが困難なやむを得ない事情がある場合には，報酬の具体的な金額ではなく，その算定方法を明示することも認められる。明示する算定方法は，算定根拠となる事項が確定すれば，自動的に具体的な金額が確定するものでなければならない。また，実際に報酬の具体的な金額を確定した後には，速やかに特定受託事業者に当該金額を明示する必要がある。

29　検査の完了期日は，「○月○日」という形ではなく「納品した日の翌日から○日以内」という記載の仕方も許容される（本パブリックコメントNo.2-1-35）。
30　本検討会報告書第2の3

3 取引適正化パート **29**

　また，報酬として，業務委託に要する費用等（例えば材料費，交通費，通信費等）を含めて支払う場合には，特定受託事業者が当該費用等の金額を含めた総額を把握できるように，報酬の額を明示する必要がある。

⑧　現金以外の方法で報酬を支払う場合の明示事項

　手形等の現金以外の方法で報酬を支払う場合には，支払方法ごとに所定の事項を明示する必要がある。支払方法とその明示事項について整理すると，【表3－2】のとおりである。

　資金決済法[31]に基づくいわゆる「デジタル払い」についても，一定の要件の下で賃金の支払に用いることが認められるなど，今後の利用拡大が見込まれることを踏まえ，本法における支払方法の1つとして想定されている。

【表3－2】支払方法と明示事項

支払方法	明示事項
手形	手形の金額，満期
一括決済方式	取扱いに係る金融機関の名称，金融機関から貸付・支払を受けることができる額，報酬債権・債務の額に相当する金銭を金融機関に支払う期日
電子記録債権	電子記録債権の額，電子記録債権法16条1項2号に規定する電子記録債権の支払期日
デジタル払い（資金移動業者への口座への支払）	資金移動業者の名称，資金移動の額

⑨　内容が定められない事項がある場合の明示事項等

　業務委託をしたときは，原則としてただちに，すべての明示事項を特定受託事業者に明示しなければならないが，明示事項のうち，その内容が定められないことにつき正当な理由があるもの（以下「未定事項」という）は，明示を要

31　正式名称は「資金決済に関する法律」（平成21年法律59号）

30　第1章　法律の概観（全体の解説）

しない。正当な理由がある場合とは，業務委託の性質上，業務委託をした時点では当該事項の内容について決定することができないと客観的に認められる理由がある場合に限られる。

　また，業務委託事業者は，このような正当な理由がある場合であっても，未定事項の内容が定められない理由および未定事項の内容を定めることとなる予定期日については，当初に明示しなければならない。その上で，業務委託事業者は，未定事項の内容が定められた後ただちに，当該事項を明示しなければならない。

【図3－2】未定事項がある場合の3条通知の書式例[32]

注 文 書

令和○年○月○日

＿＿＿＿＿＿＿＿　殿

○○○株式会社

品名及び規格・仕様等
品名「○○」
詳細仕様は未定（後日交付する「○○仕様書」による。）

納　期 未定	納入場所 弊社本社○○課	検査完了期日 納品後○日
代金（円） 未定	支払期日 毎月○日納品締切 翌月○日支払	支払方法 全額現金払

・未定の事項の内容が定められない理由　　　ユーザーの仕様が未確定
・未定の事項の内容を定めることとなる予定期日　令和○年○月○日

32　前掲注27参考例　書式例3(1)当初書面の記載例

3　取引適正化パート　　**31**

【図3－3】未定事項を補充する書面の書式例[33]

```
                          注 文 書
                                        令和○年○月○日

 ＿＿＿＿＿＿　殿
                                        ○○○株式会社

 品名及び規格・仕様等
 「○○仕様書」のとおり

 納　　期              納入場所              検査完了期日
    令和○年○月○日

 代金（円）             支払期日              支払方法
    ○○○○円

 ・本注文書の金額は，消費税・地方消費税抜きの金額です。支払期日には法定税率によ
   る消費税額・地方消費税額分を加算して支払います。
 ・本注文書は，令和○年○月○日付け注文書の記載事項を補充するものです。
```

⑩　共通事項がある場合の明示事項等

　3条通知は，原則として業務委託の都度行う必要があるが，共通事項がある場合には，これを事前に書面等で示すことができ，これにより共通事項を委託のたびに明示することを省くことができる。共通事項は取引基本契約のような形で締結したり，共通事項としてすべての特定受託事業者に示したりすることが考えられる。共通事項の明示方法として，例えば，自社のウェブサイトに共通事項を掲げておき，取引を開始する際に，このURLを特定受託事業者に通知することも考えられる[34]。

　共通事項を示す場合には，その有効期間を明示する必要がある。また，個別の3条通知において，あらかじめ明示した共通事項との関連性を記載しなければならない。

33　前掲注27参考例　書式例3⑵補充書面の記載例
34　本解釈ガイドライン第2部第1の1⑸イ㈦③

32　第1章　法律の概観（全体の解説）

　なお，業務委託事業者においては，年に1回，明示済みの共通事項の内容について，自ら確認し，または社内の購買・外注担当者に周知徹底を図ることが望ましいとされている[35]。

(3)　報酬の適正な支払期日

　特定業務委託事業者（フリーランスではない業務委託事業者）は，特定業務委託事業者が特定受託事業者の給付の内容について検査をするかどうかを問わず，給付を受領した日から起算して60日以内（給付を受領した日を算入する）のできる限り短い期間内で，報酬の支払期日を定めなければならない（法4条1項）。再委託の場合には，後記(4)のとおり，別途の規律が設けられている。

　報酬の支払期日の起算日となるのは，給付を受領した日か役務の提供を受けた日となる。役務の提供に一定の日数を要する場合には，その一連の役務の提供が終了した日（最終の提供日）が起算日となる。

　ただし，個々の役務が連続して提供される役務であって，(i)双方当事者が協議の上で月単位で請求することが事前に合意され，(ii)3条通知に具体的な報酬の金額を定める算定方式が明確に記載されており，かつ(iii)連続して提供する役務が同種のものである場合には，月単位で設定された締切対象期間の末日（個々の役務が連続して提供される期間が1か月未満の役務の提供委託の場合には，当該期間の末日）を起算日と取り扱うことができる。

　また，情報成果物の作成の委託の場合，その内容の確認のために情報成果物を一時的に受領し，一定の水準を満たしていることを確認した時点で給付を受領したこととする（検収後の受領）と双方当事者が合意していれば，その時点をもって給付の受領日（起算日）と取り扱うことが認められている。ただし，これにより起算日を3条通知に記載の納期日より遅らせることはできない。

　これに対し，物品の製造委託の場合は，検査の有無を問わず，実際に物品の納入を受けた日（特定受託事業者の事務所等で検査を行う場合は検査の開始

35　本解釈ガイドライン第2部第1の1(3)コ

日）が，報酬の支払期日の起算日となるので注意が必要である。

　本法は，下請法と同様[36]，継続的な取引において，月単位の締切制度を設けて翌月末日に支払うという運用（厳密には61日目，62日目となることがある）は否定しておらず[37]，「毎月末日納品締め切り，翌月末日支払」という支払期日を合意することは問題ないと考えられる[38]。

【図3－4】適正な支払期日[39]

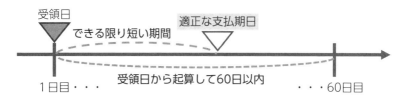

　双方当事者間で報酬の支払期日が定められなかった場合は，「給付を受領した日」が報酬の支払期日であるとみなされ，双方当事者間で給付を受領した日から60日を超えて支払期日を定めたときは，「給付を受領した日から起算して60日を経過した日の前日」が，報酬の支払期日であるとみなされる（法4条2項）。

　また，仮に特定受託事業者の責めに帰すべき事由（例：指定した口座番号の誤りなど）により支払期日に報酬を支払えなかった場合には，特定業務委託事業者は，その事由が消滅した日から60日以内（再委託の場合は30日以内）に報酬を支払う必要がある（法4条5項）。

36　前掲注25下請取引適正化推進講習会テキスト1(5)イ
37　本QA問47。また，本解釈ガイドライン第2部第2の1(1)ウにおいて，継続的な役務の提供の委託に関し，月単位の締切対象期間の末日から起算して「60日（2か月）」以内に報酬を支払うことが認められるとの記載があり，60日との要件を2か月と実質的に読み替えている。
38　このほか，支払期日は金融機関の休業日に当たる場合も，順延の期間が2日以内であって事前に双方が順延に書面等で合意しているときは，60日（再委託の場合は30日）を超えて支払期日を設定しても問題とされない（本解釈ガイドライン第2部第2の1(5)）。
39　前掲注1本法の説明資料10頁

34 第1章 法律の概観（全体の解説）

〈参考〉関連条文

（報酬の支払期日等）
第4条 特定業務委託事業者が特定受託事業者に対し業務委託をした場合における報酬の支払期日は，当該特定業務委託事業者が特定受託事業者の給付の内容について検査をするかどうかを問わず，当該特定業務委託事業者が特定受託事業者の給付を受領した日（第2条第3項第2号に該当する業務委託をした場合にあっては，特定受託事業者から当該役務の提供を受けた日。次項において同じ。）から起算して60日の期間内において，かつ，できる限り短い期間内において，定められなければならない。

2　前項の場合において，報酬の支払期日が定められなかったときは特定業務委託事業者が特定受託事業者の給付を受領した日が，同項の規定に違反して報酬の支払期日が定められたときは特定業務委託事業者が特定受託事業者の給付を受領した日から起算して60日を経過する日が，それぞれ報酬の支払期日と定められたものとみなす。

3　前2項の規定にかかわらず，他の事業者（以下この項及び第6項において「元委託者」という。）から業務委託を受けた特定業務委託事業者が，当該業務委託に係る業務（以下この項及び第6項において「元委託業務」という。）の全部又は一部について特定受託事業者に再委託をした場合（前条第1項の規定により再委託である旨，元委託者の氏名又は名称，元委託業務の対価の支払期日（以下この項及び次項において「元委託支払期日」という。）その他の公正取引委員会規則で定める事項を特定受託事業者に対し明示した場合に限る。）には，当該再委託に係る報酬の支払期日は，元委託支払期日から起算して30日の期間内において，かつ，できる限り短い期間内において，定められなければならない。

4　前項の場合において，報酬の支払期日が定められなかったときは元委託支払期日が，同項の規定に違反して報酬の支払期日が定められたときは元委託支払期日から起算して30日を経過する日が，それぞれ報酬の支払期日と定められたものとみなす。

5　特定業務委託事業者は，第1項若しくは第3項の規定により定められた支払期日又は第2項若しくは前項の支払期日までに報酬を支払わなければならない。ただし，特定受託事業者の責めに帰すべき事由により支払うことができなかったときは，当該事由が消滅した日から起算して60日（第3項の場合にあっては，30日）以内に報酬を支払わなければならない。

（略）

(4) 再委託の場合の取扱い

① 報酬の支払期日等

特定業務委託事業者が，特定受託事業者に再委託をした場合には[40]，特定業務委託事業者は，元委託支払期日から起算して30日以内（元委託支払期日を算入する）のできる限り短い期間内で，報酬の支払期日を定めることができる。

再委託の場合にこのような特則が定められているのは，資金力に乏しい特定業務委託事業者（小規模な事業者や従業員を使用する個人事業者）が，自身が元委託者から支払を受けていないにもかかわらず，再委託先の特定受託事業者に対して報酬を支払わなければならないこととなれば，事業経営上大きな負担を生ずることになることが懸念されたためである[41]。

再委託の場合に報酬の支払期日が定められなかった場合は元委託支払期日が支払期日とみなされ，本法に違反して報酬の支払期日が定められたときは元委託支払期日から起算して30日を経過する日が支払期日とみなされる（法4条4項）。

【図3-5】再委託の場合の適正な支払期日[42]

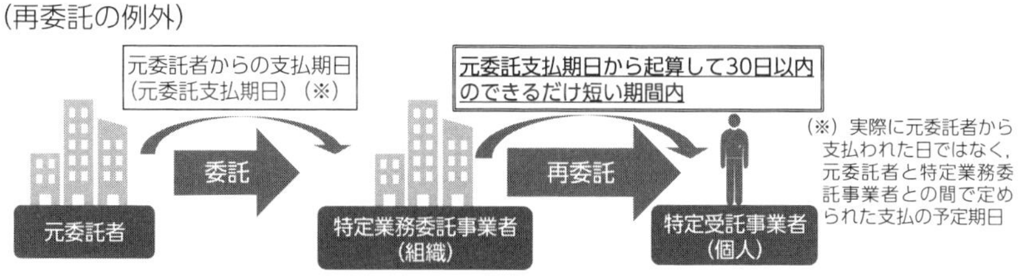

40　元委託と再委託の業務の種類が異なっていても（例：放送コンテンツの制作を受託した製作会社が楽曲の制作を作曲家に委託する場面），業務の関連性および対価の関連性が認められる場合には，本法でいう再委託に該当する（本QA問52，53）。

41　本検討会報告書第4の6

42　前掲注1本法の説明資料10頁

36　第1章　法律の概観（全体の解説）

②　再委託に関する3条通知の記載内容

　再委託の場合であって，特定受託事業者の給付を受領した日から60日を超えて報酬期日を定める場合には，3条通知において，次の内容を明示しておく必要がある。

(i)　再委託であること（本公取委規則6条1号）
(ii)　元委託者の商号，氏名もしくは名称または事業者別に付された番号，記号その他の符号であって元委託者を識別できるもの（同6条2号）
(iii)　元委託業務の対価の支払期日（同6条3号）

---

③　前払金に係る配慮

　特定業務委託事業者が元委託者から前払金の支払を受けた場合，再委託を行う特定業務委託事業者は，特定受託事業者に対し，再委託の業務の着手に必要な費用の範囲で前払金を支払うよう適切な配慮をしなければならない（法4条6項）。

　特定業務委託事業者（再委託をする者）と特定受託事業者（再委託を受ける者）の双方が業務の着手にあたり相当な費用を負担する場合には，それぞれの費用の額等を踏まえ，十分に協議して特定受託事業者に支払う前払金を定める必要がある。

(5)　禁止行為

　本法は，特定業務委託事業者（フリーランスではない業務委託事業者）が，1か月以上の契約期間（更新により1か月以上となる場合も含む）で特定受託事業者に業務委託を行う場合に限って，下請法と同様の禁止行為を設けている（法5条）。

　禁止行為の類型は，【表3－3】のとおりである。

【表 3 － 3 】 禁止行為の類型

禁止行為	内容
受領拒否	注文した物品または情報成果物の受領を拒むこと
報酬の減額	あらかじめ定めた報酬を減額すること
返品	受け取った物を返品すること
買いたたき	類似品等の価格または市価に比べて著しく低い報酬を不当に定めること
購入・利用強制	特定業務委託事業者が指定する物・役務を強制的に購入・利用させること
不当な経済上の利益の提供要請	特定受託事業者から金銭，労務の提供等をさせること
不当な給付内容の変更および不当なやり直し	費用を負担せずに注文内容を変更し，または受領後にやり直しをさせること

　禁止行為の規制は，企業等の発注事業者が 1 か月以上の継続的な業務委託を行う場合に限って適用される。したがって，フリーランスがフリーランスに対して行う業務委託や，企業等の発注事業者が 1 か月未満の期間で行うフリーランスに対する業務委託には，禁止行為の規制はかからない。

　これは，本法の策定において，契約内容の規制については私的自治の観点から最低限の規制にとどめるべきであると考えられたことに加え，小規模な発注事業者への過度な負担となることや，フリーランスに対する発注控えが生じることが懸念されたことによる。

〈参考〉第211回国会　内閣委員会　第10号（令和 5 年 4 月 5 日（水曜日））
　　　　会議録

○後藤国務大臣　本法案では，いわゆるフリーランスを保護する観点から，下請代金法では規制対象にならない資本金 1 千万円以下の小規模な発注事業者であっても，フリーランスに委託を行う場合には発注書面の交付等の義務を課すことといたしております。
　他方，事業者間取引における契約自由の観点からは，原則として，事業者取引に対する行政の介入は最小限にとどまるべきであるということに加えまして，小規模な発注事業者に対して過剰な義務を課した場合には，発注事業者が義務履行

に係る負担を避けようとして特定受託事業者と取引することを避ける，いわば発注控えが生じること，財政基盤が脆弱な発注事業者も多く，義務が負担となり経営に支障を来すことも懸念されることから，規制内容はできるだけ限定することが適当であるというふうに考えております。

　なお，1か月以上の継続的な業務委託か否かという点については，特定業務委託事業者が特定受託事業者に業務委託を行ってから1か月以上の期間を経過した業務委託のみならず，1か月以上の期間行うことを予定している業務委託や，契約の更新により通算して1か月以上継続して行うこととなる予定の業務委託も含まれる[43]。断続的に業務委託を行う場合であっても，前の業務委託の契約期間の終了から次の契約期間の開始までが1か月未満である場合には，契約の更新とみなして期間を通算して考えることになる。期間の算定に関する詳細は，第2章ⅠのQ1を参照されたい。

　業務委託の期間に関し，本法に則して厳密に考えると細々した論点はあるが，本法5条に基づく禁止行為は，下請法における禁止行為と重なっているので，該当の業務委託が下請法の適用も受ける場合には，いずれにせよ法5条に定める行為を行ってはならないということになる。また，下請法の適用を受ける業務委託でなかったとしても，個々の業務委託の期間の長短によって組織内で運用を変えることもかえって煩瑣であると思われることから，企業等の組織がフリーランスに業務委託を行うにあたっては，本法の禁止行為があることを常に念頭に置いておいたほうがよいだろう。

　個々の禁止行為についての基本的な考え方は，以下のとおりである。

① 受領拒否

　受領拒否とは，特定受託事業者の責めに帰すべき事由がないのに，特定受託事業者の給付の受領を拒むことである。そのため，契約の不適合や事前に定めた納期に遅れたこと等を理由に正当に受領を拒否することは，本法の違反とは

43　本解釈ガイドライン第2部第2の2(1)柱書

ならない。

② 報酬の減額

報酬の減額とは，特定受託事業者の責めに帰すべき事由がないのに，業務委託時に定めた報酬の額を減ずることである。

報酬の減額に該当する例として，消費税相当分を支払わないこと，実費を超える報酬の支払手数料を報酬から差し引くこと，報酬算定の際に生じた端数を1円以上切り捨てて支払うこと，報酬の総額はそのままにして発注数量を増加させること，事前に支払に合意していた経費を支払わないこと，契約に定めのない違約金を報酬から差し引くことなどが挙げられる。

③ 返品

返品とは，特定受託事業者の責めに帰すべき事由がないのに，特定受託事業者の給付を受領した後，特定受託事業者にその給付に係る物を引き取らせることである。

仮に，契約において返品について合意があったとしても，特定受託事業者の責めに帰すべき事由なく返品することは本法の違反となる。

契約不適合を理由に正当かつ速やかに返品することは問題ないが，特定受託事業者の給付の内容に，ただちに発見することができない契約不適合がある場合であっても，給付の受領から6か月を経過した後に返品することは本法違反となる。ただし，特定受託事業者の給付を使用した特定業務委託事業者の商品について一般消費者に6か月を超えて保証期間を定めている場合には，その保証期間に応じて最長1年以内であれば返品することが認められる。

④ 買いたたき

買いたたきとは，特定受託事業者の給付の内容と同種または類似の内容の給付に対し，「通常支払われる対価」に比し著しく低い報酬の額を不当に定めることである。

40 第1章 法律の概観（全体の解説）

　ここでいう「通常支払われる対価」とは，同種または類似の給付について，当該特定受託事業者の属する取引地域において一般に支払われる対価をいう。このような一般的な対価を容易に把握できない場合であって，従前にも同種または類似の業務委託を行っていた場合には，例えば，以下のような報酬の額を定めると，買いたたきと認定されるリスクがある。

(i)　従前の給付に係る単価で計算された対価に比し著しく低い報酬の額
(ii)　当該給付に係る主なコスト（労務費，原材料価格，エネルギーコスト等）の著しい上昇を，例えば，最低賃金の上昇率，春季労使交渉の妥結額やその上昇率などの経済の実態が反映されていると考えられる公表資料から把握することができる場合において，据え置かれた報酬の額

　最終的に買いたたきに該当するか否かを判断するにあたっては，(i)報酬の額の決定にあたり，特定受託事業者と十分な協議が行われたかどうか，(ii)差別的であるかどうか，(iii)「通常支払われる対価」と当該給付に支払われる対価との乖離状況，(iv)当該給付に必要な原材料等の価格動向を勘案して，総合的に判断するものとされている[44]。

　例えば，特定業務委託事業者の予算削減などの一方的な都合のみで，特定受託事業者と十分な協議をすることなく，一律に一定比率で単価を引き下げることは，買いたたきと認定されるリスクがあるため注意が必要である。

⑤　購入・利用強制
　購入・利用強制とは，特定受託事業者の給付の内容を均質にし，またはその改善を図るため必要がある場合その他正当な理由がある場合を除き，自己の指定する物を強制して購入させ，または役務を強制して利用させることにより，特定受託事業者にその対価を負担させることである。

　例えば，特定業務委託事業者が，特定受託事業者との業務委託とは無関係に，

44　本解釈ガイドライン第2部の2(2)エ(イ)

自社の商品の購入やサービスの利用を要請し，「応じなければ業務委託の取引において不利益な取扱いを行う」旨を示唆したり，特定受託事業者が購入等に応じない場合にも重ねて購入等を要請したりすることにより，何らかの態様でその購入等を事実上強制する場合には本法の違反となる。

⑥　不当な経済上の利益の提供要請

不当な経済上の利益の提供要請とは，特定業務委託事業者が特定受託事業者に，自己のために金銭，役務その他の経済上の利益を提供させることにより，特定受託事業者の利益を不当に害することである。

例えば，業務委託の取引とは無関係に，特定業務委託事業者が特定受託事業者に対し，自社の事業のための協賛金や協力金等を拠出するように要請することは，不当な経済上の利益の提供要請に該当する。

ただし，特定受託事業者が経済上の利益を提供することが，業務委託を受けた物品の販売促進につながるなどの直接の利益になる場合であって，あくまで特定受託事業者の任意により提供する場合には，不当な経済上の利益の提供要請には当たらない。ここでいう直接の利益になるとは，提供する経済上の利益（例：協賛金や協力金等の負担）よりも，これにより実際に特定受託事業者に生じる利益が上回るものであることを指す。なお，直接の利益には，特定受託事業者にとって特定業務委託事業者との将来の取引が有利になるというような間接的な利益は含まない。

また，特定業務委託事業者が特定受託事業者に対し，業務委託において発生した知的財産権を，業務委託の目的たる使用の範囲を超えて無償で自らに譲渡・許諾させることは，不当な経済上の利益の提供要請に該当するので，知的財産権の取決めにあたっても留意が必要である。加えて，例えば，特定業務委託事業者が，特定受託事業者が知的財産権を有する情報成果物について，収益を特定受託事業者に配分しない，収益の配分割合を一方的に定める，特定受託事業者による二次利用を制限するなどして特定受託事業者の利益を不当に害する場合も，不当な経済上の利益の提供要請に該当する[45]。

42 第1章 法律の概観（全体の解説）

⑦ 不当な給付内容の変更および不当なやり直し

不当な給付内容の変更および不当なやり直しとは，特定業務委託事業者が特定受託事業者に，特定受託事業者の責めに帰すべき事由がないのに，特定受託事業者の給付の内容を変更させ，または特定受託事業者の給付を受領した後（役務を提供した後）に給付をやり直させることにより，特定受託事業者の利益を不当に害することである。

ここでいう「給付内容の変更」とは，業務委託を取り消すこと（解約すること）も含まれるので，給付の受領の前に特定業務委託事業者の一方的な都合により発注をキャンセルすることは，不当な給付内容の変更に該当する。

なお，特定業務委託事業者の都合（例えば仕様の変更）による給付内容の変更ややり直しであったとしても，そのために必要な費用を特定業務委託事業者が負担するなどにより，特定受託事業者の利益を不当に害しないと認められる場合には，本法の違反とはならない。

〈参考〉関連条文

（特定業務委託事業者の遵守事項）
第5条　特定業務委託事業者は，特定受託事業者に対し業務委託（政令で定める期間以上の期間行うもの（当該業務委託に係る契約の更新により当該政令で定める期間以上継続して行うこととなるものを含む。）に限る。以下この条において同じ。）をした場合は，次に掲げる行為（第2条第3項第2号に該当する業務委託をした場合にあっては，第1号及び第3号に掲げる行為を除く。）をしてはならない。
　一　特定受託事業者の責めに帰すべき事由がないのに，特定受託事業者の給付の受領を拒むこと。
　二　特定受託事業者の責めに帰すべき事由がないのに，報酬の額を減ずること。
　三　特定受託事業者の責めに帰すべき事由がないのに，特定受託事業者の給付を受領した後，特定受託事業者にその給付に係る物を引き取らせること。
　四　特定受託事業者の給付の内容と同種又は類似の内容の給付に対し通常支払われる対価に比し著しく低い報酬の額を不当に定めること。

---

45 本解釈ガイドライン第2部の2(2)カ(ウ)

五　特定受託事業者の給付の内容を均質にし，又はその改善を図るため必要が
　　　ある場合その他正当な理由がある場合を除き，自己の指定する物を強制して
　　　購入させ，又は役務を強制して利用させること。
　2　特定業務委託事業者は，特定受託事業者に対し業務委託をした場合は，次に
　　掲げる行為をすることによって，特定受託事業者の利益を不当に害してはなら
　　ない。
　　一　自己のために金銭，役務その他の経済上の利益を提供させること。
　　二　特定受託事業者の責めに帰すべき事由がないのに，特定受託事業者の給付
　　　の内容を変更させ，又は特定受託事業者の給付を受領した後（第2条第3項
　　　第2号に該当する業務委託をした場合にあっては，特定受託事業者から当該
　　　役務の提供を受けた後）に給付をやり直させること。

(6) 違反に対する措置

　取引適正化パートに係る違反について，公正取引委員会は是正に係る勧告を
行うことができる（法8条）。正当な理由がなくこの勧告に従わない者に対し
ては，公正取引委員会は勧告に係る措置をとるべき旨の命令を行い，その旨を
公表することができる（法9条）。

　また，下請法と同様に，本法は，中小企業庁長官が，取引適正化パートの違
反について調査し，その結果に基づき公正取引委員会に必要な措置を請求する
ことができると定めている（法7条）。

　本法の違反行為を受けたフリーランスは，違反行為について公正取引委員会
または中小企業庁長官に申出を行い，適当な措置をとることを求めることがで
き（法6条1項），公正取引委員会または中小企業庁長官は，必要な調査を
行った上でその申出の内容が事実であると認めるときは，本法に基づく措置等
の適当な措置をとらなければならない（同2項）。

　なお，下請法と異なり，本法は，報酬の支払遅延に関する利息についての規
定（下請法4条の2参照）を設けていない。

　取引適正化パートに関する直接的な罰則規定はなく，公正取引委員会からの
命令に違反した場合に，50万円以下の罰金刑の定めがある（法24条1号，25条）。

44　第1章　法律の概観（全体の解説）

【図3-6】公正取引委員会の勧告の内容

違反行為	勧告の内容
3条通知に係る義務違反	速やかに3条通知に係る事項の明示または書面の交付等の必要な措置をとること
報酬の支払遅延	速やかに報酬を支払う等の必要な措置をとること
受領拒否	速やかに給付を受領する等の必要な措置をとること
不当な経済上の利益の提供要請，不当な給付内容の変更・やり直し	速やかに特定受託事業者の利益を保護するため必要な措置をとること
報復措置	速やかに不利益な取扱いをやめる等の必要な措置をとること
その他の禁止行為	速やかに減額した報酬分を支払う，給付に係る物を再び引き取る，報酬の額を引き上げる，購入させたものを引き取る等の必要な措置をとること

（正当な理由なく従わない場合）

勧告に係る措置をとるべき旨の命令

4 就業環境整備パート

(1) 規制の概要

　就業環境整備パートの規制は，発注者がフリーランスの場合には適用されず，発注者が組織（特定業務委託事業者）の場合に適用される。

　義務の内容は【表4-1】に記載の4つである。

4 就業環境整備パート 45

【表4−1】就業環境整備パートの規制の概要

項目	概要
①募集情報の的確表示義務（法12条）	フリーランスと発注事業者との間の取引上のトラブル等を防ぐため，フリーランスを募集する広告等において，的確に情報を表示しなければならない
②育児介護等と業務の両立に対する配慮義務（法13条）	フリーランスが，妊娠・出産・育児または介護と業務を両立できるよう，フリーランスからの申出に応じて必要な配慮をしなければならない
③ハラスメント対策に係る体制整備義務（法14条）	ハラスメントによりフリーランスの就業環境が害されることを防ぐため，相談対応のための体制整備等の必要な措置を講じなければならない
④解除等の事前予告・理由開示義務（法16条）	フリーランスが次の取引に円滑に移行できるよう，業務委託契約を解除等しようとする場合は，30日前までに予告しなければならず，また，フリーランスから請求があれば，解除の理由を遅滞なく開示しなければならない

　このうち，上記②④の義務は，発注者が6か月以上の期間，業務を継続的に委託する場合にのみ適用される。上記①③は，特定業務委託事業者がフリーランスへの委託を行う（行おうとする）場合には，これらの義務を遵守するために，すべてのフリーランスとの取引において対応できるような社内体制を整えていく必要がある義務である一方で，上記②④は個別の取引ごとの対応が必要となる義務であることを考えても，このような区分けには合理性があると思われる。

　以下では，それぞれの義務の詳細について解説する。

(2)　募集情報の的確表示

　特定業務委託事業者は，①広告等により，②業務委託に係る特定受託事業者の募集に係る③募集情報を提供するときは，虚偽の表示または誤解を生じさせる表示をしてはならず，正確かつ最新の内容に保たなければならない（法12条）。

　この本法12条の義務（的確表示義務）は，広告等に掲載されたフリーランス

46　第1章　法律の概観（全体の解説）

【図4－1】就業環境整備パートの規制の適用

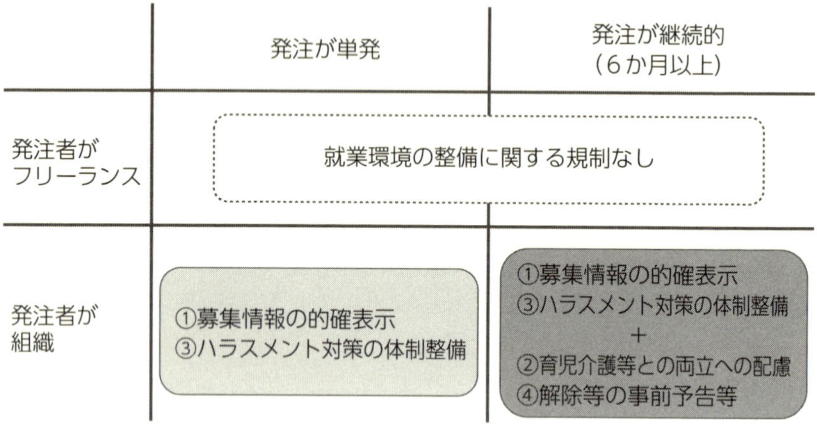

	発注が単発	発注が継続的 （6か月以上）
発注者が フリーランス	就業環境の整備に関する規制なし	
発注者が 組織	①募集情報の的確表示 ③ハラスメント対策の体制整備	①募集情報の的確表示 ③ハラスメント対策の体制整備 ＋ ②育児介護等との両立への配慮 ④解除等の事前予告等

　の募集情報と実際の取引条件が異なることにより，その募集情報を見て募集に応じたフリーランスと発注事業者との間で取引条件をめぐるトラブルが発生したり，フリーランスがより希望に沿った別の業務を受注する機会を失ってしまったりするのを防止することを目的として設けられたものである[46]。

　この的確表示義務に関しては，本法15条に基づき本指針が公表されている（本指針も，本法とともに2024年11月1日から適用されている[47]）。

　①　「広告等」：的確表示の対象となる募集情報の提供方法

　特定業務委託事業者は，「広告等」により募集情報を提供するときに的確表示義務を負うところ，この「広告等」に当たるものは**【表4－2】**のとおりである。

46　本QA問82
47　雇均発0531第1号「特定受託事業者に係る取引の適正化等に関する法律の施行に伴い整備する関係政省令等の公布等について」

4　就業環境整備パート　**47**

【表4－2】的確表示の対象となる募集情報の提供方法

「広告等」	備考	条文等
新聞，雑誌その他の刊行物に掲載する広告		法12条1項
文書の掲出または頒布		法12条1項
書面の交付		法12条1項，本厚労省規則1条
ファクシミリ		法12条1項，本厚労省規則1条
電子メール・SNSのメッセージ機能等	その他，受信する者を特定して情報を伝達するために用いられる電気通信であれば，「広告等」に該当する	法12条1項，本厚労省規則1条　本指針第2.1(3)
テレビ・ラジオ，インターネット上のオンデマンド放送・自社のホームページ，クラウドソーシングサービス等が提供されるデジタルプラットフォーム等	規則上は，「著作権法第2条第1項第8号に規定する放送，同項第9号の2に規定する有線放送若しくは同項第9号の5イに規定する自動公衆送信装置その他電子計算機と電気通信回線を接続してする方法」と規定されている	法12条1項，本厚労省規則1条　本指針第2.1(3)
上記に類する方法		法12条1項，本厚労省規則1条

　② 「業務委託に係る特定受託事業者の募集」：的確表示の対象となる募
　　集形態

「業務委託に係る特定受託事業者の募集」とは，特定受託事業者に業務委託をしようとする者が，自らまたは他の事業者に委託して，特定受託事業者になろうとする者に対して広告等により広く勧誘することをいう[48]。この「業務委託に係る特定受託事業者の募集」について，的確表示義務の適用があるか否かを整理すると，【表4－3】のとおりである。

48　本指針第2.1(2)

48　第1章　法律の概観（全体の解説）

【表4-3】的確表示の対象となる募集形態

的確表示義務の適用あり：①かつ②	的確表示義務の適用なし
①募集情報の提供時点において特定受託事業者に業務委託をすることが想定されるもの	①に当たらないもの （例） ・専ら労働者を募集するもの ・専ら，従業員を使用する事業者に業務委託をすることが想定される募集
②1つの業務委託に関して2人以上の複数人を相手に情報を提供するもの	②に当たらないもの （例） ・特定の1人のフリーランスに対する業務委託条件の打診

　募集情報の提供時点においてフリーランスに業務委託をすることが想定される募集（上記①）か否かは，募集の内容から客観的に判断されるものと考えられる。「募集情報の提供時点」に想定されているかがポイントであって，結果として，募集に応じて業務委託をした相手方が特定受託事業者であったか否かによって，的確表示義務の適用の有無が変わることはない（つまり，募集情報の提供時点において特定受託事業者に業務委託をすることが想定される募集であれば，結果として，それに応じて業務委託をした相手方が特定受託事業者ではなかったとしても，的確表示義務は適用される）[49]。

　また，この募集情報の的確表示義務は，1対1の関係で契約交渉を行う前の時点において，広告等により広く特定受託事業者の募集に関する情報を提供する場合に的確表示を義務づけるものである。そのため，上記②のとおり，1つの業務委託に関して2人以上の複数人を相手に打診する場合には的確表示義務の対象に含まれるが，特定の1人のフリーランスを相手に業務委託を打診する場合は，通常，すでに契約交渉段階にあることが想定され，契約交渉の中で取引条件の確認や変更が可能であることから，的確表示義務の対象外とされている[50]。この点は，本法の条文との関係では，特定の1人のフリーランスに対し

49　本指針第2．1(2)参照
50　本QA問84，本パブリックコメントNo.3-1-1，No.3-1-2

て情報提供（打診等）をすることは，「募集」に関する情報の提供（法12条）に当たらないという解釈から導かれるのではないかと思われる。

③ 「募集情報」：的確表示の対象となる募集情報

特定業務委託事業者は，広告等により「募集情報」（特定業務委託事業者が行う業務委託に係る特定受託事業者の募集に関する情報）を提供するときに的確表示義務を負うところ，この募集情報に当たるものは，本施行令２条に列挙されているものに限定され（法12条１項），その内容は【表４－４】のとおりである。

特に「業務の内容」に関する事項については，一見，その文言からは，委託される業務の内容として，成果物の内容や役務提供の内容のみを意味するようにも思えるが，その具体的な内容として本指針に明記されているものは，より広く，業務委託契約の内容として特に重要になる事項（例えば，不良品の取扱い，成果物の知的財産権の許諾・譲渡の範囲，違約金など）を含んでいることから[51]，これらの情報についても，広告等により提供するときには的確表示義務を負うことになる点に留意が必要である。

なお，的確表示の対象となる募集情報は，本法３条１項の定める取引条件の明示事項よりも広く，例えば「契約の解除」や「検収基準」については，取引条件の明示義務はないが，的確表示義務はある。これは，本法３条の明示義務は，特定業務委託事業者のみならず，すべての業務委託事業者が対象となる一方，本法12条の募集情報の的確表示の義務は，特定業務委託事業者が対象であるためである[52]。

本法12条は，【表４－４】に記載の事項を募集情報として提供しなければならないことを定めるものではなく，これらの事項を表示する場合には的確表示義務（具体的には後記④に記載の内容）を負うことを定めるものである。ただし，令和６年12月18日に改訂された本QA問89において，「今般，インターネッ

51　本指針第２. １⑷
52　本パブリックコメントNo. 3 - 1 - 7

50　第1章　法律の概観（全体の解説）

【表4-4】的確表示の対象となる募集情報

「募集情報」 （本施行令2条）	具体的な内容の例 （本指針第2.1(4)）
業務の内容	・業務委託において求められる成果物の内容または役務提供の内容 ・業務に必要な能力または資格 ・検収基準 ・不良品の取扱いに関する定め ・成果物の知的財産権の許諾・譲渡の範囲 ・違約金に関する定め（中途解除の場合を除く）　等
業務に従事する場所，期間または時間に関する事項	業務を遂行する際に想定される場所，納期，期間，時間　等
報酬に関する事項	・報酬の額（算定方法を含む） ・支払期日，支払方法 ・交通費や材料費等の諸経費（報酬から控除されるものも含む） ・成果物の知的財産権の譲渡・許諾の対価　等
契約の解除（契約期間の満了後に更新しない場合を含む）に関する事項	・契約の解除事由 　自動更新の契約における不更新事由（本パブリックコメントNo.3-1-9） ・中途解除の際の費用・違約金に関する定め ・特定受託事業者による契約の解除が制限される場合の有無（本パブリックコメントNo.3-1-8）　等
特定受託事業者の募集を行う者に関する事項	特定業務委託事業者となる者の名称・住所・連絡先や業務の内容（本QA問89）等

ト等で犯罪実行者の募集（いわゆる「闇バイト」の募集）が行われる事案が見られ，その中には，通常の募集情報と誤解を生じさせるような広告等も見受けられる状況が発生してい」ること「を踏まえ，募集情報の中でも，①特定受託事業者の募集を行う者の氏名又は名称，②住所（所在地），③連絡先，④業務の内容，⑤業務に従事する場所，⑥報酬……を欠くものについては『誤解を生じさせる表示』に該当するものとして，本法第12条違反とな」ると記載されているため，この点には留意が必要である。

　このように，特定受託事業者の募集の際に一定の情報を提供すること自体が

4　就業環境整備パート　　51

本法において義務として定められているわけではないものの，本指針において
は，「特定業務委託事業者が，広告等により，募集情報を提供するときに望ま
しい措置」として，【表4－4】に記載の事項の具体的な内容を可能な限り含
めて，情報提供を行うことが望ましいとされている。あわせて，募集に応じた
者に対しても，これらの事項を明示するとともに，変更する場合には変更内容
を明示することが望ましいとされている。これらの措置により，当事者間の募
集情報に関する認識の齟齬を可能な限りなくすことができ，当該募集情報に適
する特定受託事業者が応募しやすくなり，業務委託後の取引上のトラブルを未
然に防ぐことができる[53]。

④　的確表示義務の内容

特定業務委託事業者が，①広告等により，②業務委託に係る特定受託事業者
の募集に係る③募集情報を提供するときに課される義務の内容は，【表4－5】
のとおり，(1)虚偽の表示の禁止，(2)誤解を生じさせる表示の禁止と，(3)正確か
つ最新の表示の義務である（法12条1項・2項）。

なお，当事者間の合意に基づき，募集情報から実際の契約条件を変更するこ
ととなった場合は，虚偽の表示には該当しない[54]。

特定業務委託事業者が，他の事業者に広告等による募集を委託した場合で
あっても，的確表示義務は課されることになる。具体的には，委託先の事業者
が虚偽の表示または誤解を生じさせる表示をしていることを認識した場合は，
当該事業者に対し，情報の訂正を依頼するとともに，委託先の事業者が情報の
訂正をしたかどうか確認しなければならない（上記(1), (2)）[55]。また，特定受託
事業者の募集を終了した場合または募集の内容を変更した場合には，委託先の
事業者に対して，当該情報の提供を終了するよう依頼し，または当該情報の内
容を変更するよう依頼するとともに，委託先の事業者が提供終了または内容変

53　本指針第2.5
54　本指針第2.2(2)
55　本指針第2.2(3), 同3(3)

52　第1章　法律の概観（全体の解説）

【表4−5】的確表示義務の内容

的確表示義務の内容	義務違反になりうる例	条文等
(1)虚偽の表示の禁止	意図して募集情報と実際の就業に関する条件を異ならせた場合 実際には存在しない業務に係る募集情報を提供した場合　等 (例) ・実際に業務委託を行う事業者とは別の事業者の名称で業務委託に係る募集を行う ・契約期間を記載しながら，実際にはその期間とは大幅に異なる期間の契約期間を予定している ・報酬額を表示しながら，実際にはその金額よりも低額の報酬を予定している ・実際には業務委託をする予定のない特定受託事業者の募集を出す	法12条1項 本指針第2.2 (1)
(2)誤解を生じさせる表示の禁止	一般的・客観的に誤解を生じさせるような表示等 (例) ・関係会社を有する者が募集を行う場合に，業務委託を行う予定の者を明確にせず，当該関係会社と混同されるような表示をする ・特定受託事業者の募集と，労働者の募集が混同されるような表示をする ・報酬額等について，実際よりも高額であるかのように表示する ・職種または業種について，実際の業務の内容と著しく乖離する名称を用いる ・募集を行う者の①氏名または名称，②住所（所在地），③連絡先，④業務の内容，⑤業務に従事する場所，⑥報酬を欠いた表示をする	法12条1項 本指針第2.3 (1)(2) 本QA問89
(3)正確かつ最新の表示の義務	(例) ・募集を終了した場合に，当該募集に関する情報の提供を速やかに終了しない ・募集の内容を変更した場合に，当該募集に関する情報を速やかに変更しない ・いつの時点の募集情報か明らかにしない	法12条2項 本指針第2.4

4 就業環境整備パート **53**

更を行ったかどうか確認しなければならない（上記(3)）[56]。これらの場合に，特定業務委託事業者が，委託先の事業者に，情報の訂正，提供終了・内容の変更を繰り返し依頼したにもかかわらず，当該訂正等がされなかった場合には，特定業務委託事業者は本法12条違反とはならない[57]。

〈参考〉関連条文

本法第12条　特定業務委託事業者は，新聞，雑誌その他の刊行物に掲載する広告，文書の掲出又は頒布その他厚生労働省令で定める方法（次項において「広告等」という。）により，その行う業務委託に係る特定受託事業者の募集に関する情報（業務の内容その他の就業に関する事項として政令で定める事項に係るものに限る。）を提供するときは，当該情報について虚偽の表示又は誤解を生じさせる表示をしてはならない。

2　特定業務委託事業者は，広告等により前項の情報を提供するときは，正確かつ最新の内容に保たなければならない。

本施行令第2条　法第12条第1項の政令で定める事項は，次のとおりとする。
　一　業務の内容
　二　業務に従事する場所，期間又は時間に関する事項
　三　報酬に関する事項
　四　契約の解除（契約期間の満了後に更新しない場合を含む。）に関する事項
　五　特定受託事業者の募集を行う者に関する事項

本厚労省規則第1条　特定受託事業者に係る取引の適正化等に関する法律（以下「法」という。）第12条第1項の厚生労働省令で定める方法は，書面の交付の方法，ファクシミリを利用してする送信の方法若しくは電子メールその他のその受信をする者を特定して情報を伝達するために用いられる電気通信（電気通信事業法（昭和59年法律第86号）第2条第1号に規定する電気通信をいう。以下「電子メール等」という。）の送信の方法又は著作権法（昭和45年法律第48号）第2条第1項第8号に規定する放送，同項第9号の2に規定する有線放送若しくは同項第9号の5イに規定する自動公衆送信装置その他電子計算機と電気通信回線を接続してする方法その他これらに類する方法とする。

56　本指針第2.4
57　本指針第2.2(3)，同3(3)，同4

54　第1章　法律の概観（全体の解説）

(3)　育児介護等と業務の両立に対する配慮

　特定業務委託事業者は，特定受託事業者が，妊娠・出産・育児または介護（以下「育児介護等」という）と両立して継続的業務委託（6か月以上のもの。契約更新により6か月以上の期間継続して行うこととなるものを含む）に係る業務を行えるよう，必要な配慮をしなければならない（法13条1項）。また，継続的業務委託以外の業務委託の場合も，必要な配慮をするよう努力しなければならない（同条2項）。

　この本法13条の義務は，特定受託事業者の多様な働き方に応じて，特定業務委託事業者が柔軟に配慮を行うことにより，特定受託事業者が，育児介護等と両立しながら，その有する能力を発揮しつつ業務を遂行できる環境を整備することを目的として設けられたものである[58]。

　上記のように，業務委託の期間によって規定を分けているのは，一定期間継続して取引をしている発注事業者に対しては，フリーランスの業務における依存度が高まると考えられ，フリーランスが育児介護等と両立して業務に従事するためには，当該発注事業者から，業務について適切な配慮が行われることがより重要になると考えられるためである。その期間が6か月とされたのは，「特定受託事業者の就業環境の整備に関する検討会」において，①中途解除された場合の生活等への影響，母性保護や育児・介護のニーズを踏まえれば，短い期間とすべきという意見，②短い期間とした場合には，発注者の過度な負担やフリーランスへの発注控えの懸念があるといった意見，③短い期間とする場合には，空白期間（前の業務委託に係る契約または基本契約が終了した日の翌日から，次の業務委託に係る契約または基本契約を締結した日の前日までの期間）とのバランスも考えるべきであるとの意見があったことや，令和5年度フリーランス実態調査において，フリーランスにとって取引継続の傾向があると感じられる取引の期間について，6か月程度以上を集計した場合，計6割程度

58　本QA問90

と，過半数を占めていることなどを踏まえたものとされている（本法16条の「継続的業務委託」の期間が6か月とされる理由も同様である）[59]。

「継続的業務委託」には，単一の業務委託で6か月以上の期間行うもののほか，当該業務委託に係る契約の更新により6か月以上の期間継続して行うこととなる業務委託（契約の当事者が同一であり，その給付または役務の提供の内容が少なくとも一定程度の同一性を有し，かつ，空白期間の日数が1か月未満であるものに限る）も含まれる（第2章ⅠQ1参照）[60]。

〈参考〉第211回国会　内閣委員会　第10号（2023年4月5日（水曜日））会議録

○國重委員　次に，本法案では，育児，介護等との両立に配慮するよう定めた13条1項にも，先ほどの5条1項と同様の継続性の要件が設けられています。組織体であれば，個人の家庭の事情をカバーし合うこともできます。でも，本法案で言う特定受託事業者は1人であるがゆえに，育児，介護等の家庭事情がもろに仕事に影響を及ぼすことになります。こういったことからしますと，安定的に仕事を続けていくためにはやはり一定の配慮が必要で，とりわけ，実質的に依存度，従属度が高くなる一定長期の業務委託をしている事業者には適切な配慮をしてもらうことが必要になります。他方で，長期ではなくて，単発，短期間の取引を行っている事業者にも様々な配慮を求めるというのは，これはバランスが悪いようにも思えます。こういったことを踏まえますと，この13条1項が想定する期間，これについては先ほどの5条1項とは差が出てくるものと考えますが，これらの期間は同じなのか違うのか。違うのであれば，13条1項ではどの程度の期間を想定しているのか，答弁を求めます。
○宮本政府参考人　お答え申し上げます。育児，介護等への配慮義務に係る継続性の要件については，第5条に規定する受領拒否等の禁止行為に係るものと比べて長い期間を想定してございます。これは，育児，介護等への配慮は，当事者間に一定期間以上の取引関係があることで，育児，介護等と両立した働き方を両当事者間で調整できる関係性が生まれると考えられることから，受領拒否等との禁止と比べて比較的長い期間を設けることが適当であるためでございます。また，政令で定める期間につきましては，内閣官房が関係省庁と共同で実施したアンケート調査におきまして，契約期間が1年以上の場合には仕事のかけ持ち数が減

59　本パブリックコメントNo.3-2-17～3-2-19
60　本指針第3.1(3)

56 第1章 法律の概観（全体の解説）

> るという結果となっており，これも1つの参考として検討することとしてござい
> ます。具体的な期間につきましては，関係者の意見をよく確認しながら，フリー
> ランス取引の実態に即した期間を設定してまいりたいと考えてございます。

　この育児介護等と業務の両立に対する配慮義務に関しても，本法12条（上記
4(2)）と同様，同15条に基づき本指針が公表されている。

①　本法13条に基づく申出ができる者[61]

　本法13条の規定に基づき育児介護等に対する配慮の申出ができる者は，特定
業務委託事業者と業務委託に係る契約を締結している特定受託事業者であって，
育児介護等と両立しつつ業務に従事する特定受託事業者である。もっとも，現
に育児介護等を行う者でなくとも，育児介護等を行う具体的な予定のある者も
含まれる。

　なお，「育児」とは，小学校就学の始期に達するまでの子（特定受託事業者
と法律上の親子関係がある子。養子に加え，養子縁組里親である特定受託事業
者に委託されている児童等を含む）を養育することを指す。「介護」とは，要
介護状態にある特定受託事業者の家族（配偶者（事実上婚姻関係と同様の事情
にある者を含む），父母，子，配偶者の父母，祖父母，兄弟姉妹または孫）の
介護その他の世話を行うことをいう。

②　配慮義務の内容[62]

　特定業務委託事業者が，継続的業務委託の相手方である特定受託事業者に対
して配慮しなければならない内容は，【図4-2】の(1)～(3)のとおり，(1)申出
の内容等の把握，(2)とりうる選択肢の検討，(3)配慮の内容の伝達・実施，また
は配慮不実施の伝達・理由説明である。また，継続的業務委託以外の業務委託
の場合も，上記(1)～(3)の配慮をする努力義務がある。

61　本指針第3．1(4)～(6)
62　本指針第3．2

4　就業環境整備パート　**57**

　特定業務委託事業者は，配慮の申出の内容および育児介護等の状況の把握（上記⑴）を行う際には，申出の内容等には特定受託事業者のプライバシーに属する情報もあることから，プライバシー保護の観点に留意する必要がある。申出の内容等に係る情報の共有範囲は必要最低限とし，場合によっては，申出者の意向を確認して対応することが望ましいと思われる。

【図4－2】配慮義務の内容[63]

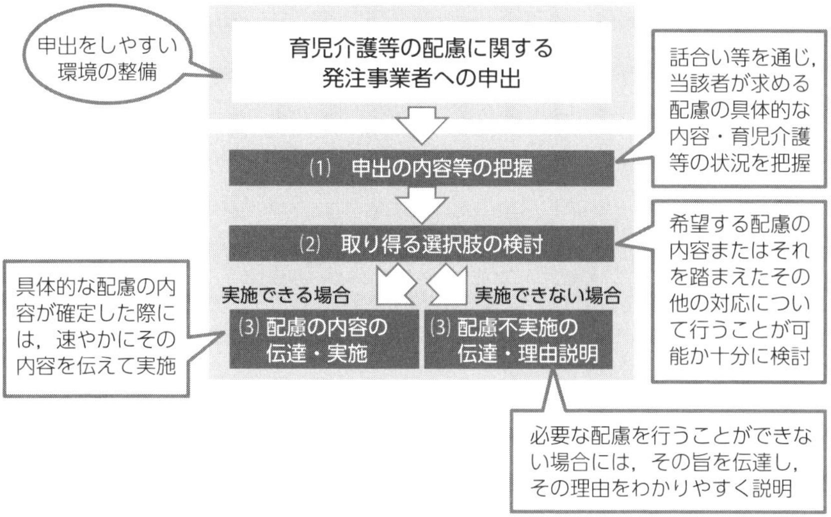

　実施する配慮の内容（上記⑶）については，必ずしも，特定受託事業者の希望する内容のとおり実施しなければならないわけではない。特定受託事業者が配慮を必要とする事情に照らし，とりうる対応が他にもある場合には，特定受託事業者との話し合いを行うなどにより，その意向を十分に尊重した上で，特定業務委託事業者が，より対応しやすい方法で配慮を行ってもよい。配慮の具体例として，本指針には以下のものなどが挙げられているが，あくまで例示で

63　特定受託事業者に係る取引の適正化等に関する法律（フリーランス・事業者間取引適正化等法）パンフレット20頁の図から抜粋（吹き出しは著者）
　　https://www.jftc.go.jp/file/flpamph.pdf

あって，実際に，特定受託事業者から申出があった場合には，その状況や業務の性質，特定業務委託事業者の状況等に応じて，個別に対応を検討することが必要である。

- 妊婦健診がある日について，打合せの時間を調整してほしいとの申出に対し，調整した上で特定受託事業者が打合せに参加できるようにすること
- 妊娠に起因する症状により急に業務に対応できなくなる場合について相談したいとの申出に対し，そのような場合の対応についてあらかじめ取決めをしておくこと
- 出産のため一時的に特定業務委託事業者の事業所から離れた地域に居住することとなったため，成果物の納入方法を対面での手渡しから宅配便での郵送に切り替えてほしいとの申出に対し，納入方法を変更すること
- 子の急病等により作業時間を予定どおり確保することができなくなったことから，納期を短期間繰り下げることが可能かとの申出に対し，納期を変更すること
- 特定受託事業者からの介護のために特定の曜日についてはオンラインで就業したいとの申出に対し，一部業務をオンラインに切り替えられるよう調整すること

特定受託事業者の希望する配慮の内容やその他のとりうる対応を十分に検討した結果，業務の性質や実施体制等に照らして困難であること，当該配慮を行うことにより，業務のほとんどが行えない等，契約目的が達成できなくなること等，やむを得ず必要な配慮を行うことができない場合には，特定受託事業者に対して配慮を行うことができない旨を伝達し，その理由について，必要に応じ，書面の交付や電子メールの送付により行うことも含め，わかりやすく説明する必要がある（上記(3)）。このようなやむを得ない事情がないにもかかわらず，配慮を行わない場合には，本法13条違反となると考えられる。

なお，育児介護等に対する配慮が円滑に行われるようにするためには，特定受託事業者が，速やかに配慮の申出を行い，具体的な調整を開始することができるようにすることが必要であり，そのためには，特定受託事業者が申出をしやすい環境を整備しておくことが重要であることから，本指針においては，特定業務委託事業者は，以下の対応をとることが「望ましい」とされている。

① 配慮の申出が可能であることや，配慮を申し出る際の窓口・担当者，配慮の申出を行う場合の手続等を周知すること
② 育児介護等に否定的な言動が頻繁に行われるといった配慮の申出を行いにくい状況がある場合にはそれを解消するための取組みを行うこと等の育児介護等への理解促進に努めること

③ 望ましくない取扱い[64]

本指針においては，本法13条における申出および配慮の趣旨を踏まえ，特定業務委託事業者による【表4-6】の行為は望ましくない取扱いであると明記されている。

【表4-6】望ましくない取扱い

望ましくない取扱い	例
(i)特定受託事業者からの申出を阻害すること	・申出に際して，膨大な書類を提出させる等の特定受託事業者にとって煩雑または過重な負担となるような手続を設けること ・特定業務委託事業者の役員または労働者が，申出を行うことは周囲に迷惑がかかるといった申出をためらう要因となるような言動をすること
(ii)特定受託事業者が申出をしたことまたは配慮を受けたことのみを理由に不利益な取扱いを行うこと	・介護のため特定の曜日や時間の業務を行うことが難しくなったため，配慮の申出をした特定受託事業者について，別の曜日や時間は引き続き業務を行うことが可能であり，契約目的も達成できることが見込まれるなか，配慮の申出をしたことを理由として，契約の解除を行うこと ・特定受託事業者が出産に関する配慮を受けたことを理由として，現に役務を提供しなかった業務量に相当する分を超えて報酬を減額すること ・特定受託事業者が育児や介護に関する配慮を受けたことにより，特定業務委託事業者の労働者が繰り返しまたは継続的に嫌がらせ的な言動を行い，当該特定受託

64　本指針第3.3

	事業者の能力発揮や業務の継続に悪影響を生じさせること
	(不利益な取扱いの例)
	・契約の解除
	・報酬を支払わないことまたは減額を行うこと
	・給付の内容を変更させることまたは給付を受領した後に給付をやり直させること
	・取引の数量の削減
	・取引の停止
	・就業環境を害すること

【表4－6】(ii)の望ましくない取扱いに該当するのは，申出をしたことまたは配慮を受けたことと不利益取扱いとの間に因果関係がある場合に限られる。

なお，報酬の支払期日までに報酬を支払わなかった場合や，特定受託事業者の責めに帰すべき事由がないのに報酬の額を減ずること等があった場合には，【表4－6】(ii)の不利益な取扱いに該当する場合があるほか，別途，取引適正化パートの規制である，本法4条（報酬の支払期日等）または本法5条（特定業務委託事業者の遵守事項）の違反となる場合もある。

〈参考〉関連条文

本法第13条　特定業務委託事業者は，その行う業務委託（政令で定める期間以上の期間行うもの（当該業務委託に係る契約の更新により当該政令で定める期間以上継続して行うこととなるものを含む。）に限る。以下この条及び第16条第1項において「継続的業務委託」という。）の相手方である特定受託事業者からの申出に応じて，当該特定受託事業者（当該特定受託事業者が第2条第1項第2号に掲げる法人である場合にあっては，その代表者）が妊娠，出産若しくは育児又は介護（以下この条において「育児介護等」という。）と両立しつつ当該継続的業務委託に係る業務に従事することができるよう，その者の育児介護等の状況に応じた必要な配慮をしなければならない。

2　特定業務委託事業者は，その行う継続的業務委託以外の業務委託の相手方である特定受託事業者からの申出に応じて，当該特定受託事業者（当該特定受託事業者が第2条第1項第2号に掲げる法人である場合にあっては，その代表者）が育児介護等と両立しつつ当該業務委託に係る業務に従事することができ

るよう，その者の育児介護等の状況に応じた必要な配慮をするよう努めなければならない。

本施行令第3条　法第13条第1項の政令で定める期間は，6月とする。

(4) ハラスメント対策に係る体制整備

　特定業務委託事業者は，特定受託業務従事者に対する業務委託におけるハラスメント行為により，その就業環境が害されることのないよう，その者からの相談に応じ，適切に対応するために必要な体制の整備その他の必要な措置を講じなければならない（法14条1項）。また，特定業務委託事業者は，特定受託業務従事者がこの相談を行ったこと，または特定業務委託事業者による当該相談への対応に協力した際に事実を述べたことを理由として，業務委託に係る契約の解除その他の不利益な取扱いをしてはならない（同条2項）。

　この本法14条の義務は，特定受託業務従事者がその業務委託に起因してハラスメントを受けやすい立場にあることを踏まえ，特定業務委託事業者が特定受託業務従事者に対するハラスメント対策を講じることにより，特定受託業務従事者がその有する能力を発揮しつつ業務を継続できる環境を整備することを目的として設けられたものである[65]。

　このハラスメント対策に係る体制整備義務に関しても，本法12条，13条（上記4(2)(3)）と同様，同15条に基づき本指針が公表されている。

① 業務委託におけるハラスメント[66]

　業務委託におけるハラスメントとは，【表4-7】に記載の，セクシュアルハラスメント（セクハラ），妊娠，出産等に関するハラスメント（マタハラ），パワーハラスメント（パワハラ）をいう。

　各ハラスメントに当たる行為やその具体例などは，上記の類型ごとに本指針

65　本QA問97
66　本指針第4．1～4

62　第1章　法律の概観（全体の解説）

【表4－7】業務委託におけるハラスメント

ハラスメントの類型		内容
セクハラ	対価型	業務委託に関して行われる，特定受託業務従事者の意に反する性的な言動に対する特定受託業務従事者の対応により，当該特定受託業務従事者がその業務委託の条件につき不利益（契約の解除，報酬の減額，取引数量の削減，取引の停止等）を受けること
	環境型	業務委託に関して行われる，特定受託業務従事者の意に反する性的な言動により，特定受託業務従事者の就業環境が不快なものとなったため，能力の発揮に重大な悪影響が生じる等，当該特定受託業務従事者が就業する上で看過できない程度の支障が生じること
マタハラ	状態への嫌がらせ型	特定受託業務従事者が，①妊娠したこと，②出産したこと，③妊娠または出産に起因する症状により業務委託に係る業務を行えないこと，もしくは行えなかったこと，または当該業務の能率が低下したことに関する言動により，就業環境が害されること
	配慮申出等への嫌がらせ型	特定受託業務従事者が，妊娠または出産に関して本法13条1項もしくは同条2項の規定による配慮の申出をしたこと，またはこれらの規定による配慮を受けたことに関する言動により，就業環境が害されること
パワハラ		業務委託に関して行われる①取引上の優越的な関係を背景とした言動であって，②業務委託に係る業務を遂行する上で必要かつ相当な範囲を超えたものにより，③特定受託業務従事者の就業環境が害されること（①から③までの要素をすべて満たすもの）

に詳細に記載されている。いずれも，基本的には，労働法分野における，職場におけるセクハラ・マタハラ・パワハラのそれぞれの定義（セクハラは男女雇用機会均等法[67]11条，マタハラは同法11条の3，労働施策総合推進法[68]30条の2）や考え方を業務委託の場面に引き写した内容といえる。

67　正式名称は「雇用の分野における男女の均等な機会及び待遇の確保等に関する法律」（昭和47年法律第113号）

68　正式名称は「労働施策の総合的な推進並びに労働者の雇用の安定及び職業生活の充実

セクハラに関しては，他の事業者等からのセクハラ，さらに顧客等からのセクハラも「業務委託におけるセクシュアルハラスメント」に含まれている点に留意が必要である[69]。

マタハラに関しては，「業務分担や安全配慮等の観点から，客観的にみて，業務上の必要性に基づく言動によるもの」はマタハラに該当しないこと[70]，パワハラに関しては，「客観的にみて，業務委託に係る業務を遂行する上で必要かつ相当な範囲で行われる適正な指示及び通常の取引行為としての交渉の範囲内の話合い」はパワハラに該当しないこと[71]が本指針に明記されている。

なお，報酬の支払期日までに報酬を支払わなかった場合や，特定受託事業者の責めに帰すべき事由がないのに報酬の額を減ずること等があった場合には，上記のハラスメントに当たる言動を伴うときには，業務委託におけるハラスメントに該当することがあるほか，別途，取引適正化パートの規制である，本法4条（報酬の支払期日等）または本法5条（特定業務委託事業者の遵守事項）の違反となる場合もある[72]。

②　講ずべき措置の内容[73]

特定業務委託事業者は，業務委託におけるハラスメントを防止するため，【表4－8】の措置を講じなければならない。

これらは，労働者との関係で，職場におけるセクハラ・マタハラ・パワハラを防止するために，事業主が雇用管理上講ずべき措置として，厚生労働大臣の

等に関する法律」（昭和41年法律第132号）

69　本指針第4.2(2)において，「性的な言動」を行う者には，「特定業務委託事業者（その者が法人である場合にあってはその役員……）又はその雇用する労働者……に限らず，業務委託に係る契約を遂行するに当たり関係性が発生する者（例えば，元委託事業者を含む特定業務委託事業者の取引先等の他の事業者（その者が法人である場合にあってはその役員……）又はその雇用する労働者，業務委託に係る契約上協力して業務を遂行することが想定されている他の個人事業者（以下「他の事業者等」という。），顧客等）もなり得る」と記載されている。

70　本指針第4.3(1)

71　本指針第4.4(1)

72　本指針第4.1(5)

73　本指針第4.5

64 第1章 法律の概観（全体の解説）

【表4−8】業務委託におけるハラスメント防止のために講ずべき措置

講ずべき措置	具体的な内容
1　特定業務委託事業者の方針等の明確化，労働者に対する周知・啓発	①業務委託におけるハラスメントの内容および業務委託におけるハラスメントを行ってはならない旨の方針を明確化し，**労働者**（業務委託に係る契約担当者・事業担当者，成果物の確認・検収を行う者，特定受託業務従事者と協力して業務を行う者など）に周知・啓発する ②業務委託におけるハラスメントに係る言動を行った者については，厳正に対処する旨の方針および対処の内容を就業規則等に規定し，**労働者に周知・啓発**する ※周知・啓発にあたっては，業務委託におけるハラスメントの発生の原因や背景について関係者の理解を深めることが，防止の効果を高めるために重要
2　相談に応じ，適切に対応するために必要な体制の整備	①**相談窓口**をあらかじめ定め，**特定受託業務従事者に周知**する ②相談窓口の担当者が，相談に対し，その内容や状況に応じ**適切に対応**できるようにする 　ハラスメントが現実に生じている場合だけではなく，発生のおそれがある場合や，ハラスメントに該当するか否か微妙な場合であっても広く相談に対応し，適切な対応を行うようにする
3　業務委託におけるハラスメントに係る事後の迅速かつ適切な対応	①事案に係る**事実関係を迅速かつ正確に把握**する ②ハラスメントの事実が確認できた場合，速やかに**被害者への配慮のための措置**を適正に行う ③ハラスメントの事実が確認できた場合，**行為者に対する措置**を適正に行う ④改めてハラスメントに関する方針を周知・啓発する等の**再発防止に向けた措置を講ずる**
4　上記1〜3と併せて講ずべき措置	①相談への対応または事後の対応にあたっては，**相談者・行為者等のプライバシーを保護する**ために必要な措置を講ずるとともに，その旨を**労働者および特定受託業務従事者に対して周知**する ②特定受託業務従事者がハラスメントに関する相談をしたこと，または事実関係の確認等の特定業務委託事業者の講ずべき措置に協力したこと，厚生労働大臣に対して申出をし，適当な措置をとるべきことを求めたことを理由として，**不利益な取扱いをされない旨を定め，特定受託業務従事者に周知・啓発**する

指針に定められている内容と同様であることから，特定業務委託事業者は，この職場のハラスメント対策のためにすでに整備している社内体制やツールを，業務委託におけるハラスメントの防止のためにも活用するという対応をとることもできる[74]。特に相談窓口の設置（【表4－8】2①）については，少なくとも当面は，すでに社内で整備，運用している内部通報窓口やハラスメント専用の相談窓口を活用して（利用できる者を従業員に限定する制度になっている場合には，その範囲を広げて），この本法14条の義務に対応することを検討する会社が多いのではないかと思われる。

　相談窓口等の特定受託業務従事者への周知（【表4－8】2①，4①②）については，例えば，業務委託契約に係る書面やメール等に記載する方法や，特定受託業務従事者が定期的に閲覧するイントラネット等に掲載する方法が想定されている。

　なお，セクハラに関しては，上記4⑷①のとおり，他の事業者等からのセクハラも「業務委託におけるセクシュアルハラスメント」に含まれることから，その防止のために講ずべき措置として，以下の内容が本指針に明示されている。

・事実関係を迅速かつ正確に把握すること（【表4－8】3①）について：性的な言動の行為者とされる者が，他の事業者等である場合には，必要に応じて，他の事業者等に事実関係の確認への協力を求めることも含まれる[75]。

・再発防止に向けた措置を講ずること（【表4－8】3④）について：性的な言動の行為者とされる者が他の事業者等である場合には，必要に応じて，他の事業者等に再発防止に向けた措置への協力を求めることも含まれる[76]。

74　本指針第4．5⑵イ
　　前掲注1本法の説明資料15頁
75　本指針第4．5⑶イ
76　本指針第4．5⑶ニ

66 第1章　法律の概観（全体の解説）

【表4−9】行うことが望ましい取組み

望ましい取組み	具体的な内容
(1)契約交渉中の者に対する言動に関する取組み	①ハラスメント禁止の方針の明確化等の際に，業務委託に係る契約交渉中の者（業務委託のために接触した者を含む）に対する言動についても**同様の方針**を示す ②業務委託に係る契約交渉中の者から，業務委託におけるハラスメントに類すると考えられる相談があった場合には，必要に応じて**適切な対応**を行うように努める
(2)他の事業者等や顧客等からの言動に関する取組み	①他の事業者等からのパワハラ・マタハラや顧客等からの著しい迷惑行為に関する，特定受託業務従事者からの相談に対し，適切かつ柔軟に対応するために必要な体制の整備（**相談先を定めて特定受託業務従事者に周知**，相談に対して適切に**対応**） 　あわせて，当該相談をしたことを理由とした**不利益取扱いの禁止**を定め，特定受託業務従事者に**周知・啓発** ②ハラスメント等が認められた場合には，速やかに**被害者への配慮**のための取組みを行う ③［有効な取組み］他の事業者等からのパワハラ・マタハラや顧客等からの著しい迷惑行為への対応に関するマニュアルの作成や研修の実施等の取組みを行う，業種・業態等における被害の実態や業務の特性等を踏まえて，それぞれの状況に応じた必要な取組みを進める ④**元委託事業者等との関係**における取組みを行う

③　行うことが望ましい取組みの内容[77]

　上記②の措置については，特定業務委託事業者が「講じなければならない」とされている内容であるが，本指針においては，これとは別に，特定業務委託事業者が行うことが「望ましい」として，【表4−9】の取組みが記載されている。

　【表4−9】のとおり，特定業務委託事業者が行うことが「望ましい」取組みとしては，大きく，(1)特定受託業務従事者に対するハラスメントの防止措置を「業務委託に係る契約交渉中の者」にも広げるという内容と，(2)特定受託業

77　本指針第4.6，同7

務従事者に対するハラスメントの防止措置として，特定業務委託事業者からの
ハラスメントだけでなく，「他の事業者等からのパワハラ・マタハラや，顧客
等からの著しい迷惑行為（いわゆるカスタマーハラスメント）」にも広げると
いう内容の2つがある。

　なお，上記(1)に関して，すでに業務委託契約を締結している場合に，次の契
約締結に関連して行う言動（次の契約に関する交渉をする際の言動）について
は，本法14条により措置義務が課される「業務委託におけるハラスメント」に
なり得る[78]。

　上記(2)の「他の事業者等からの」ハラスメントとしては，パワハラ・マタハ
ラのみが明示されている。他の事業者等からのセクハラは，上記4(4)①のとお
り，そもそも「業務委託におけるセクシュアルハラスメント」に含まれており，
その防止措置は，行うことが「望ましい」取組みではなく，「講じなければな
らない」義務である点に留意が必要である。

　なお，上記(2)の「顧客等」には，芸能業界におけるコンサート等の観客も含
まれうる[79]。

　【表4−9】に記載の内容のうち(2)③の内容は，本指針において，「行うこと
が望ましい」ではなく，特定受託業務従事者が被害を受けることを防止する上
で「有効」「効果的」という書きぶりとなっている。

　また，【表4−9】の(2)④は，特定受託業務従事者が，業務委託に係る契約
を遂行するにあたっては，例えば以下のように，特定業務委託事業者（役員）
またはその労働者ではない者（元委託事業者等）と関係性が生じる場合がある
ことを踏まえて，行うことが望ましいとされているものである。

・元委託事業者の事業所で就業する場合
・特定の現場において，他の事業者の雇用する労働者や，他の個人事業者等
　と協力して，業務を遂行する場合

このような場合においては，元委託事業者等においても特定受託業務従事者

78　本パブリックコメントNo.3−3−60
79　本パブリックコメントNo.3−3−61

に対するハラスメント対策が重要であることの理解を求めるとともに，当該元委託事業者等と連携してハラスメント対策を行うことが効果的であることから，特定業務委託事業者は，例えば，以下のような特定受託業務従事者に対するハラスメント対策を行うことが望ましいとされている[80]。

> ・特定受託業務従事者が元委託事業者の事業所で就業する場合（例えば，エンジニアが取引先に常駐して就業する場合など）において，特定業務委託事業者と元委託事業者との間の契約において，元委託事業者も特定受託業務従事者に対するハラスメント対策を行う旨，例えば，ハラスメント防止に関する措置や，ハラスメントが発生した場合の連絡窓口の設定，事実確認等の協力を行う（相談窓口の担当者が特定受託業務従事者から相談を受けた場合には現場の管理者（元委託事業者の従業員）と連携して事実確認等を行うなど）といった旨を規定しておくこと
> ・重層的な業務委託に係る契約であって多数の契約当事者が存在する場合（例えば，映画制作の現場や建設現場など）において，特定受託業務従事者が就業する場所において，特定受託業務従事者に対するハラスメント対策を効果的に行うことができると認められる事業者に対し，直接的または間接的に協力を求めること（契約や覚書においてハラスメント対策に係る内容を盛り込むことを含む）

　いずれも，行うことが「望ましい」取組みであり，遵守しなければ本法違反となるという性質のものではないものの，特定業務委託事業者としては，他の事業者（特に元委託事業者）との間で締結する契約書のひな形の修正を検討することなどがありうるだろう。

〈参考〉関連条文

> 本法第14条　特定業務委託事業者は，その行う業務委託に係る特定受託業務従事者に対し当該業務委託に関して行われる次の各号に規定する言動により，当該各号に掲げる状況に至ることのないよう，その者からの相談に応じ，適切に対応するために必要な体制の整備その他の必要な措置を講じなければならない。

80　本QA問104

一　性的な言動に対する特定受託業務従事者の対応によりその者（その者が第2条第1項第2号に掲げる法人の代表者である場合にあっては，当該法人）に係る業務委託の条件について不利益を与え，又は性的な言動により特定受託業務従事者の就業環境を害すること。

二　特定受託業務従事者の妊娠又は出産に関する事由であって厚生労働省令で定めるものに関する言動によりその者の就業環境を害すること。

三　取引上の優越的な関係を背景とした言動であって業務委託に係る業務を遂行する上で必要かつ相当な範囲を超えたものにより特定受託業務従事者の就業環境を害すること。

2　特定業務委託事業者は，特定受託業務従事者が前項の相談を行ったこと又は特定業務委託事業者による当該相談への対応に協力した際に事実を述べたことを理由として，その者（その者が第2条第1項第2号に掲げる法人の代表者である場合にあっては，当該法人）に対し，業務委託に係る契約の解除その他の不利益な取扱いをしてはならない。

本厚労省規則第2条　法第14条第1項第2号の厚生労働省令で定める妊娠又は出産に関する事由は，次のとおりとする。
一　妊娠したこと。
二　出産したこと。
三　妊娠又は出産に起因する症状により業務委託に係る業務を行えないこと若しくは行えなかったこと又は当該業務の能率が低下したこと。
四　妊娠又は出産に関して法第13条第1項若しくは第2項の規定による配慮の申出をし，又はこれらの規定による配慮を受けたこと。

(5)　解除等の事前予告・理由開示

　特定業務委託事業者は，継続的業務委託（6か月以上のもの。契約更新により6か月以上の期間継続して行うこととなるものを含む）を解除しようとする場合または期間満了後に更新しないこと（不更新）をしようとする場合には，原則として，当該契約の相手方である特定受託事業者に対し，解除日または契約満了日の30日前までに，その旨を予告しなければならない（本法16条1項）。また，特定受託事業者が，この予告がされた日から契約満了日（継続的業務委託に係る契約の終期）までの間において，解除または不更新の理由の開示を特定業務委託事業者に請求した場合には，当該特定業務委託事業者は，当該特定

70　第1章　法律の概観（全体の解説）

受託事業者に対し，原則として，遅滞なくこれを開示しなければならない（同条2項）。

　この本法16条の義務は，事前予告の義務については，一定期間継続する取引において，特定業務委託事業者からの契約の中途解除や不更新を特定受託事業者にあらかじめ知らせることで，特定受託事業者が次の取引に円滑に移行できるようにし，解除等に伴う時間的・経済的損失を軽減することを目的として設けられたものである。また，理由開示の義務については，解除等の予告を受けた特定受託事業者が，契約の存続に向けた交渉や，別の取引に向けた自らの事業の見直しに取り組むことができるようにするとともに，特定業務委託事業者とのトラブルを防止することを目的として設けられたものである[81]。

　この解除等の事前予告・理由開示義務に関しては，本解釈ガイドラインによって解釈の明確化が図られている。

① 　解除・不更新[82]
　本法16条の定める事前予告・理由開示が原則として必要となるのは，継続的業務委託を解除しようとする場合または期間満了後に更新しないこと（不更新）をしようとする場合であり，この「解除」，「不更新」のそれぞれの意義と，これらに該当しない場合を整理すると，【表4-10】のとおりである。

　【表4-10】の「解除」に「該当しない場合」に記載のとおり，双方の合意による契約終了の場合は，事前予告・理由開示義務は生じないが，この合意は，特定受託事業者の自由な意思に基づくものであることが必要である。そして，本解釈ガイドラインにおいては，このように任意の意思表示があったといえるか否かは慎重に判断する必要がある旨が明記されている。これは，労使関係において，使用者と労働者が雇用契約終了の合意（すなわち退職合意）をしたことが，後から紛争になってしまうと，労働者の当該合意に係る意思表示が自由な意思に基づくものといえるか（わかりやすくいえば，使用者から強制される

81　本QA問105
82　本解釈ガイドライン第3部4(2)

4 就業環境整備パート **71**

【表4-10】解除・不更新の意義等

	意義	該当しない場合
解除	特定業務委託事業者からの一方的な意思表示に基づく契約の解除	・特定受託事業者からの解除 ・双方の合意による契約終了
不更新	更新しないとの意思をもって，契約満了日から起算して1か月以内に次の契約を締結しないこと	・業務委託の性質上1回限りであることが明らかである場合 ・断続的な業務委託であって，特定業務委託事業者が次の契約申込みを行うことができるかが明らかでない場合

など，反対の意思表示をすることが事実上できずにやむを得ず合意書に署名したといった事情がないのか）が慎重に判断されることと同様と考えられる。使用者との関係で労働者は弱い立場にあるというのと同じく，特定業務委託事業者との関係で特定受託事業者は弱い立場にあると考えられること[83]から，例えば法人間における合意書のように，基本的にはその書面に双方記名押印している以上，その内容どおりの合意がなされたと認定される，とは必ずしもならない点に留意が必要であろう。

また，特定業務委託事業者と特定受託事業者の間で，あらかじめ一定の事由がある場合に事前予告なく契約を解除できる旨を定めていた場合においても，ただちに本法16条の事前予告が不要となるものではない。この場合に，特定受託事業者があらかじめ定めた事由に該当すれば，特定業務委託事業者からの一方的な意思表示に基づき契約を解除すること自体は，契約に基づきできることになるが，これは本法16条の「契約の解除」に該当することから，同条に基づく事前予告（および理由開示）の義務は生じることになる。

なお，特定受託事業者が事前にアカウントを登録した上で業務委託が行われる場合において，そのアカウントを一時的に停止することは，一時停止となる理由や，適切な一時停止の予定期間，一時停止の解除条件など，一時停止であ

---

83 前掲注1 本法の説明資料3頁

72　第1章　法律の概観（全体の解説）

ることが明らかである事由を特定受託事業者に明示した上で，アカウント利用等を一時停止とする場合は，「契約の解除」に該当しない[84]。

　不更新については，【表4－10】の「意義」に記載のとおり，特定業務委託事業者が「更新しないとの意思をもって」いることが前提であり，特定業務委託事業者において，今後は当該特定受託事業者との間で取引をしない（次の契約を締結しない）ことが確定していれば，「不更新」に該当し，本法16条の事前予告・理由開示義務が生じることになるが，それが確定していない場合には，「不更新」には該当しないと考えられる（【表4－10】の「不更新」に「該当しない場合」の2点目）。ただ，この場合には，次の契約の申込みを行わないことが明らかになった時点でその旨を伝達することが望ましいとされている。

　②　事前予告の例外事由[85]

　継続的業務委託について，上記4⑸①の解除または不更新をしようとする場合には，原則として，本法16条1項の事前予告義務が生じることになるが，特定業務委託事業者が解除または不更新をしようとする理由は様々であることから，同項には，ただし書で「災害その他やむを得ない事由により予告することが困難な場合その他の厚生労働省令で定める場合は，この限りでない」と定められており，本厚労省規則4条において，この事前予告が例外的に不要となる場合が列挙されている。その例外事由の内容は，【表4－11】のとおりである。

【表4－11】事前予告の例外事由

例外事由	補足
①災害その他やむを得ない事由により予告することが困難な場合	「その他やむを得ない事由」とは，天災事変に準ずる程度に不可抗力に基づき，かつ，突発的な事由をいい，事業者として社会通念上とるべき必要な措置をもってしても通常対応することが難しい状況になったために特定受託事業者に対

84　本QA問109
85　本解釈ガイドライン第3部4⑷

	して予告することが困難である場合をいう
②元委託業務を再委託した場合に，**当該元委託業務の契約が解除され，再委託業務の大部分が不要となった場合**その他のただちに当該再委託業務の契約の解除・不更新が必要と認められる場合	「その他の……場合」とは，元委託業務の契約が解除され，不要となった再委託業務が一部であったとしても，**重要な部分であり，大部分が不要になった場合と同視できる程度**にただちに当該再委託業務の契約の解除・不更新をすることが必要であると認められる場合をいう
③**契約期間が30日以下である**業務委託に係る契約の解除・不更新をしようとする場合	以下のいずれかがこの例外事由に該当する ・**基本契約に基づいて業務委託を行う場合**に，当該基本契約に基づく一の業務委託に係る契約（期間が30日以下であるもの）の解除・不更新をしようとする場合 ・**契約の更新により継続して業務委託を行う**こととなる場合に，一の業務委託に係る契約（期間が30日以下であるもの）の解除・不更新をしようとする場合
④**特定受託事業者の責めに帰すべき事由**によりただちに契約の解除・不更新をすることが必要であると認められる場合	「特定受託事業者の責めに帰すべき事由」とは，**特定受託事業者の故意，過失またはこれと同視すべき事由**である →この判定にあたっては，業務委託に係る契約の内容等を考慮の上，総合的に判断すべきであり，「特定受託事業者の責めに帰すべき事由」が本法16条の保護を与える必要のない程度に**重大または悪質**なものであり，したがって特定業務委託事業者に30日前に解除・不更新の予告をさせることが当該事由と比較して均衡を失するようなものに限る
⑤基本契約を締結している場合で，**特定受託事業者の事情**により**相当な期間**，当該基本契約に基づく**業務委託をしていない場合**	「相当な期間」については，特定受託事業者の事情により個別に判断されるべきものであるが，継続的業務委託の期間が6か月以上であることを踏まえ，**概ね6か月以上**と解される

【表4－11】のとおり，事前予告の例外事由は，様々な観点から定められてはいるものの，特定業務委託事業者からすると，それほど例外事由に該当するケースは多くない可能性も高く，やはり，6か月以上の継続的業務委託の契約

74　第1章　法律の概観（全体の解説）

解除・不更新の場合は，本法16条の義務を意識する必要がある。特に，【表4
－11】の④は，「特定受託事業者の責めに帰すべき事由」という文言だけを見
ると，解除の原因は特定受託事業者側にあるといったことで，これに当たるの
ではないかと思われるケースも比較的多くあるかもしれないが，同表「補足」
欄のとおり，「特定受託事業者の責めに帰すべき事由」といえるのは，本法16
条の保護を与える必要のない程度に重大または悪質なものに限られるという点
に留意が必要である。このことは，本解釈ガイドライン第3部4⑷エにおいて，
「特定受託事業者の責めに帰すべき事由」とすべき事例として挙げられている，
以下の例を見ると，より具体的に理解しやすいだろうと思われる（なお，これ
らは限定列挙ではない）。

[犯罪行為等]
・業務委託に関連して，刑法犯等に該当する行為（盗取，横領，傷害等）のあっ
た場合（原則として極めて軽微なものを除く）
・一般的にみて極めて軽微な事案であっても，特定業務委託事業者があらかじめ
不祥事件の防止について諸種の手段を講じていたことが客観的に認められ，し
かもなお特定受託事業者が継続的にまたは断続的に刑法犯等またはこれに類す
る行為を行った場合
・業務委託と関連なく刑法犯等に該当する行為があった場合であっても，それが
著しく特定業務委託事業者の名誉もしくは信用を失墜するもの，取引関係に悪
影響を与えるものまたは両者間の信頼関係を喪失させるものと認められる場合
（例えば，特定受託事業者が反社会的勢力との関係を有していることが発覚し
た場合など[86]）
・賭博，風紀紊乱等により，業務委託に係る契約上協力して業務を遂行する者等
に悪影響を及ぼす場合，また，これらの行為が業務委託と関連しない場合で
あっても，それが著しく特定業務委託事業者の名誉もしくは信用を失墜するも
の，取引関係に悪影響を与えるものまたは両者間の信頼関係を喪失させるもの
と認められる場合
[経歴詐称]
・業務委託の際にその委託をする条件の要素となるような経歴・能力を詐称した
場合

86　本QA問111

4　就業環境整備パート　**75**

・業務委託の際，特定業務委託事業者の行う調査に対し，業務委託をしない要因
　となるような経歴・能力を詐称した場合
［業務関連］
・業務委託に係る契約に定められた給付および役務を合理的な理由なく全くまた
　はほとんど提供しない場合
・契約に定める業務内容から著しく逸脱した悪質な行為を故意に行い，当該行為
　の改善を求めても全く改善が見られない場合

また，以下のような場合も，「特定受託事業者の責めに帰すべき事由」に該
当する可能性が高いと考えられる[87]。

・破産手続開始申立てや差押え等を受けたことにより，今後の業務遂行に重大な
　支障が出る場合や特定業務委託事業者に損害が生じる場合
・自動車等の運転を要する業務において，交通ルール等の遵守を周知しているに
　もかかわらず，危険運転を行うことやナンバープレートの表示などのルール等
　を遵守していない場合
・業務委託に関連し，暴力行為等に及んだ可能性がある場合であって，それに関
　する事件の調査協力を繰り返し行っているにもかかわらず調査の協力を拒む場
　合
・業務委託の取引先や顧客に対する暴言や嫌がらせ，暴力，詐取，性的な迷惑行
　為，業務遂行に際して取得した個人情報の目的外利用などの第三者の安全に支
　障を及ぼすまたは第三者に損害を与える行為
・事前に特定受託事業者がアカウントを作成し，プラットフォームを介して業務
　委託を受ける場合において，登録時の経歴詐称，虚偽情報の登録，他の者との
　アカウントの共有などを行っていた場合
・業務委託の前提となる特定受託事業者の運転免許証や在留カード等が有効期限
　切れの場合
・業務の遂行に必要な業法等における登録の失効・取消事由等に該当した場合ま
　たは当該事由により行政処分・罰則の適用を受けた場合
・配達を伴う業務において，事前に商品の取扱い等に関する社内ルールを周知し
　ているにもかかわらず，配達中の商品を触ったり，配達時間や距離を偽って報
　酬を多く得たりするなど，繰り返し当該ルールに反する行為を行う場合

87　本QA問110・112，本パブリックコメントNo. 3 - 4 -39〜47

76　第1章　法律の概観（全体の解説）

- 配達を伴う業務において商品を届けないなど，業務委託契約に定められた業務の重要な部分を合理的な理由なく行わない場合
- 特定受託事業者に契約違反の是正を書面等で求め，改善が見られなければ解除することについて伝達してもなお契約違反が是正されない場合
- 特定受託事業者が業務遂行の能力や資格等を喪失するなど，業務遂行ができなくなるまたは業務遂行に重大な支障が生じる場合

③　理由開示の例外事由[88]

　特定業務委託事業者が，継続的業務委託について，上記4⑸①の解除または不更新をしようとする場合，上記4⑸②の例外事由に該当しない限り，本法16条1項の事前予告義務が生じることになり，この場合に，特定受託事業者が，この予告がされた日から契約満了日（継続的業務委託に係る契約の終期）までの間において，解除または不更新の理由の開示を特定業務委託事業者に請求した場合には，原則として，本法16条2項の理由開示義務が生じることになる。もっとも，同項には，ただし書で「第三者の利益を害するおそれがある場合その他の厚生労働省令で定める場合は，この限りでない」と定められており，本厚労省規則6条において，この理由開示が例外的に不要となる場合が以下のとおり列挙されている[89]。なお，上記4⑸②の事前予告の例外事由に該当する場合は，理由開示義務も生じない。

- 理由の開示により，第三者（特定業務委託事業者および特定受託事業者以外の者）の利益を害するおそれがある場合
　例：顧客からのクレームに基づき解約したことを告げた場合に，当該理由を開示すると顧客への報復の蓋然性が高いと認められる場合 など
- 理由の開示により，他の法令に違反することとなる場合
　例：法令上，守秘義務が課されている事業等を営む特定業務委託事業者が，解除の理由を開示することで法違反となる場合 など

88　本解釈ガイドライン第3部4⑹
89　本QA問114

④　事前予告・理由開示の方法[90]

　事前予告および理由開示をどのような方法で行うかについては，本法16条1項，2項にそれぞれ「厚生労働省令で定めるところにより」と定められた上，事前予告の方法について本厚労省規則3条に，理由開示の方法について5条に，それぞれ規定されている。いずれも内容は共通することから，まとめて整理すると，事前予告および理由開示は，以下のいずれかの方法により行わなければならない（本厚労省規則3条1項，5条1項）。

(a)　書面の交付
(b)　ファクシミリによる送信
(c)　電子メール等による送信（特定受託事業者が当該電子メール等の記録を出力することにより書面を作成することができるものに限る）

　上記(c)には，電子メールのほか，ショートメッセージサービス（SMS）や，ソーシャルネットワーキングサービス（SNS）のメッセージ機能等のうち，送信者が受信者を特定して送信することのできるものが含まれる。ただし，特定受託事業者がインターネット上で開設しているブログやウェブページ等への書き込み等のように，特定の個人がその入力する情報を第三者に閲覧させることに付随して，第三者が特定の個人に情報を伝達することができる機能が提供されるものは含まれない。

　また，上記(c)は，出力することにより書面を作成することができるものという限定が付されているところ，これは，当該電子メール等の本文または当該電子メール等に添付されたファイルについて，紙による出力が可能であることを指し，特定業務委託事業者が送信した事前予告・理由開示に係る事項の全文が出力される必要がある。

　上記方法による予告または開示の到達時点については，以下の内容で，みなし規定が定められている（本厚労省規則3条2項，5条2項）。特に事前予告

90　本解釈ガイドライン第3部4⑶，同⑸

78 第1章 法律の概観（全体の解説）

については，解除日または契約満了日の30日前まで，と明確な期限があることから，いつ特定受託事業者に到達したとみなされるのかが重要になる。

> ・ファクシミリ送信（上記(b)）による予告・開示は，特定受託事業者が使用するFAX装置により受信した時に，当該特定受託事業者に到達したものとみなす
> ・電子メール等の送信（上記(c)）による予告・開示は，特定受託事業者が使用する通信端末機器等により受信した時に，当該特定受託事業者に到達したものとみなす（例えば，ウェブメールサービス，クラウドサービス等のように特定受託事業者の通信端末機器等に必ずしも到達しない方法による場合は，通常であれば特定受託事業者がその内容を確認し得る状態となれば，通信端末機器等により受信したといえ，当該予告が特定受託事業者に到達したものとみなす）

　実務上は，できる限りトラブルが生じることを避けるために，特定業務委託事業者が，特にウェブメールサービスやクラウドサービス等を利用して予告や開示を行う場合には，特定受託事業者に確認した旨の返信を求め，特定受託事業者もそれに応じて返信することで，予告・開示が到達したことを両者とも認識できるようにするといった対応をとることも有効と思われる[91]。特定業務委託事業者としては，万が一トラブルになってしまった場合も，当時，特定受託事業者からの返信が得られていれば，予告・開示が到達したことを立証しやすくなるということも考えられる。

⑤ 「30日前」

　本法16条の事前予告は，解除日または契約満了日の30日前までに行わなければならない。この「30日間」のカウントの仕方としては，予告日（当日）から解除日の前日までの期間が30日間確保されている必要があることから，例えば，8月31日に解除する場合には8月1日までに予告が必要となる[92]。

91　前掲注63パンフレット25頁参照
92　本QA問106

4 就業環境整備パート **79**

〈参考〉関連条文

本法第16条　特定業務委託事業者は，継続的業務委託に係る契約の解除（契約期間の満了後に更新しない場合を含む。次項において同じ。）をしようとする場合には，当該契約の相手方である特定受託事業者に対し，厚生労働省令で定めるところにより，少なくとも30日前までに，その予告をしなければならない。ただし，災害その他やむを得ない事由により予告することが困難な場合その他の厚生労働省令で定める場合は，この限りでない。

2　特定受託事業者が，前項の予告がされた日から同項の契約が満了する日までの間において，契約の解除の理由の開示を特定業務委託事業者に請求した場合には，当該特定業務委託事業者は，当該特定受託事業者に対し，厚生労働省令で定めるところにより，遅滞なくこれを開示しなければならない。ただし，第三者の利益を害するおそれがある場合その他の厚生労働省令で定める場合は，この限りでない。

本厚労省規則第3条　法第16条第1項の規定による予告は，次のいずれかの方法により行わなければならない。
一　書面を交付する方法
二　ファクシミリを利用してする送信の方法
三　電子メール等の送信の方法（特定受託事業者が当該電子メール等の記録を出力することにより書面を作成することができるものに限る。第5条第1項第3号において同じ。）

2　前項第2号の方法により行われた予告は，特定受託事業者の使用に係るファクシミリ装置により受信した時に，同項第3号の方法により行われた予告は，特定受託事業者の使用に係る通信端末機器等により受信した時に，それぞれ当該特定受託事業者に到達したものとみなす。

本厚労省規則第4条　法第16条第1項に規定する厚生労働省令で定める場合は，次に掲げる場合とする。
一　災害その他やむを得ない事由により予告することが困難な場合
二　他の事業者から業務委託を受けた特定業務委託事業者が，当該業務委託に係る業務（以下この号において「元委託業務」という。）の全部又は一部について特定受託事業者に再委託をした場合であって，当該元委託業務に係る契約の全部又は一部が解除され，当該特定受託事業者に再委託をした業務（以下この号において「再委託業務」という。）の大部分が不要となった場合その他の直ちに当該再委託業務に係る契約の解除（契約期間の満了後に更新しない場合を含む。以下この条において同じ。）をすることが必要であると認められる場合

三 特定業務委託事業者が特定受託事業者と業務委託に係る給付に関する基本的な事項についての契約（以下この条において「基本契約」という。）を締結し，基本契約に基づいて業務委託を行う場合（以下この号において「基本契約に基づいて業務委託を行う場合」という。）又は契約の更新により継続して業務委託を行うこととなる場合であって，契約期間が30日以下である一の業務委託に係る契約（基本契約に基づいて業務委託を行う場合にあっては，当該基本契約に基づくものに限る。）の解除をしようとする場合

四 特定受託事業者の責めに帰すべき事由により直ちに契約の解除をすることが必要であると認められる場合

五 基本契約を締結している場合であって，特定受託事業者の事情により，相当な期間，当該基本契約に基づく業務委託をしていない場合

本厚労省規則第5条 法第16条第2項の規定による開示は，次のいずれかの方法により行わなければならない。

一 書面を交付する方法

二 ファクシミリを利用してする送信の方法

三 電子メール等の送信の方法

2 前項第2号の方法により行われた開示は，特定受託事業者の使用に係るファクシミリ装置により受信した時に，同項第3号の方法により行われた開示は，特定受託事業者の使用に係る通信端末機器等により受信した時に，それぞれ当該特定受託事業者に到達したものとみなす。

本厚労省規則第6条 法第16条第2項に規定する厚生労働省令で定める場合は，次に掲げる場合とする。

一 第三者の利益を害するおそれがある場合

二 他の法令に違反することとなる場合

(6) 違反に対する措置

就業環境整備パートの規制に関し，本法12条，14条または16条の違反について，厚生労働大臣は是正に係る勧告を行うことができる（法18条）。そして，本法12条または16条の違反について，正当な理由がなくこの勧告に従わない者に対しては，厚生労働大臣は勧告に係る措置をとるべき旨の命令を行い，その旨を公表することができる（法19条1項・2項）。また，本法14条の違反については，正当な理由がなく上記の勧告に従わない場合には，その旨を公表する

ことができる（同条3項）。

　本法の就業環境整備パートの規制（法12条〜16条）の違反行為を受けたフリーランスは，違反行為について厚生労働大臣に申出を行い，適当な措置をとることを求めることができ（法17条1項），厚生労働大臣は，必要な調査を行った上でその申出の内容が事実であると認めるときは，本法に基づく措置等の適当な措置をとらなければならない（同条2項）。

　就業環境整備パートの規制違反に関する直接的な罰則規定はなく，厚生労働大臣からの命令に違反した場合に，50万円以下の罰金刑の定めがある（法24条1号，25条）。

第 **2** 章

Q&A

本章ではQタイトルに，どの立場からのQかをわかりやすくするため，

　　企業・フリーランス双方 ………………… フ・企
　　企業 ……………………………………… 企
　　フリーランス …………………………… フ
を付しています。

I

総論

Q1 取引期間と本法の適用〈フ・企〉

単発の業務委託であって，継続的な取引関係がない場合であっても，本法の適用があるのでしょうか。

継続的な取引関係があると認められる場合とそうでない場合とで，発注事業者が留意する点は変わってくるでしょうか。

また，年に数回程度，不定期に行われる業務委託について，本法の適用はあるでしょうか。

回答・解説

1 継続性の有無による本法の規制の違い

まず，単発の取引であっても，特定受託事業者と本法で定める業務委託の取引を行う場合であれば，本法の適用があります。

本法は，発注事業者が特定業務委託事業者（フリーランスではない業務委託事業者）であるか否か，継続的な取引であるか否かで，規制内容が異なります。

特定業務委託事業者が発注事業者として，フリーランスに対して1か月以上の期間の業務委託を行うときは，取引適正化の観点から，一定の行為（受領拒否，報酬の減額等）が禁止されます（法5条）。禁止行為の詳細については，第1章3(5)を参照してください。

また，特定業務委託事業者が6か月以上の期間の業務委託を行うときは，こ

れに加えて，就業環境整備の観点から，育児介護等との両立に対する配慮（法13条2項）や中途解除等の予告の義務（法16条）が課されることになります。

つまり，企業等の組織（フリーランスではない者）が発注事業者になる場合には，継続的な取引関係が認められる場合とそうでない場合とで，本法に基づく義務や禁止行為の有無が異なってきます。

これに対し，フリーランスが発注事業者となる場合，つまりフリーランスが他のフリーランスに業務委託を行う場合，本法の適用はありますが（具体的には3条通知の義務と報復措置の禁止について適用があります），当該業務委託が継続的（1か月以上）であったとしても，発注事業者のフリーランスに課される義務等に違いはありません。

2 業務委託の期間の算定方法[1]

業務委託の期間は，業務委託の取引の始期から終期までの期間であり，始期の日（初日）を含めてカウントします。

期間の始期と終期の考え方は，以下のとおり，(1)単一の業務委託または基本契約による場合，(2)契約の更新により継続して行うこととなる場合によって異なります。

(1) 単一の業務委託または基本契約による場合

単一の業務委託または基本契約による場合には，その期間が1か月／6か月以上である場合または契約（取引）の終期が定められなかった場合には，1か月／6か月以上の期間の業務委託を行っているということになります。

業務委託に係る期間の始期は，業務委託をした日（具体的な業務委託の合意をした日）または基本契約を締結した日のいずれか早い日となります。終期は，業務委託に係る契約が終了する日または基本契約が終了する日のいずれか遅い

---

1 本解釈ガイドライン第2部第2の2(1)，第3部2，本指針第3．1(3)

日となります。

　業務委託に係る契約が終了する日とは，(i)3条通知により明示する「特定受託事業者の給付を受領し，又は役務の提供を受ける期日」（ただし，期間を定めるものにあっては，当該期間の最終日），または(ii)契約の当事者間で別途契約の終了日を定めた場合にはその終了日のいずれか遅い日となります。

　なお，例えば，3条通知の給付の受領期日よりも実際の給付が早かったり遅かったりしても，これにより契約の終期が変わることはありません[2]。

【図Q1-1】単一の業務委託または基本契約による場合の期間の算定

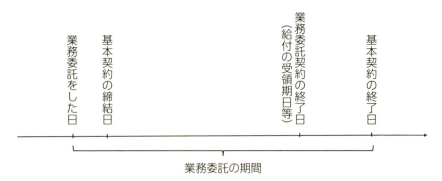

(2) 契約の更新により継続して行うこととなる場合

① 空白期間があっても継続しているとみなされる要件

　契約の更新により継続して行うこととなるとは，業務委託に係る前後の契約が，(i)契約の当事者が同一であり[3]，その給付または役務の提供の内容が少なくとも一定程度の同一性を有し，かつ，(ii)前の業務委託に係る契約または基本契約が終了した日の翌日から，次の業務委託に係る契約または基本契約を締結した日の前日までの期間の日数が1か月未満であるものをいいます。

2　本QA問61
3　当事者の同一性は法人格単位で判断されます。たとえ同じ企業グループであっても，別の法人であれば当事者の同一性はありません（本QA問64）。

このように前の業務委託と後の業務委託の間に空白期間がある場合であっても，一定の場合に契約の更新により継続しているとみなすこととしたのは，特定業務委託事業者が断続的に発注することにより本法を潜脱することを防ぐ必要があると考えられたためです[4]。また，本法13条および16条については，特定業務委託事業者と特定受託事業者との間で継続的な取引関係があり，一定の経済的依存・従属関係が生じていることに着目して義務が定められている趣旨に鑑み，空白期間が1か月未満である場合には，取引関係の継続性が認められ，当事者間で一定の経済的依存・従属関係があると考えられたことも，このような定めが設けられた理由です[5]。

② 給付，役務の提供内容の同一性（要件ⅰ）

給付または役務の提供の内容の同一性（上記(2)(ⅰ)）については，原則として，日本標準産業分類の小分類（3桁分類）を参照し，前後の業務委託に係る給付等の内容が同一の分類に属するか否かで判断されることになります。給付または役務の提供の内容の同一性が認められる事例としては，例えば以下のようなものが挙げられます[6]。

・レコード会社がフリーランスに歌手Aの楽曲Xの編曲を委託し，その後，歌手Bの楽曲Yの編曲を委託する（日本標準産業分類では，いずれも「412 音声情報制作業」に該当すると考えられます）
・宿泊サービス会社がフリーランスにサーバーの設計を委託し，完成後，改めてそのサーバーの運用・保守を委託する（日本標準産業分類では，いずれも「401 インターネット附随サービス業」に該当すると考えられます）
・工務店がフリーランスに対し，現場Aのとび工事について委託し，その後，別の現場Bの土工工事について委託する（日本標準産業分類では，いずれも「072 とび・土工・コンクリート工事業」に該当すると考えられます）
・人材派遣会社がフリーランスに対し，給与計算・経理業務を委託し，契約期間終了後に，総務業務を委託する（日本標準産業分類では，いずれも「920 管理，

4　本検討会報告書第3
5　本パブリックコメントNo.3-2-25
6　本QA問66

88 Ⅰ 総論

補助的経済活動を行う事業所」に該当すると考えられます）
・小売業者がフリーランスに対し，経営コンサルタントとしての業務を委託し，
契約終了後に，人事コンサルタントとしての業務を委託する（日本標準産業分
類では，いずれも「728 経営コンサルタント業，純粋持株会社」に該当する
と考えられます）

　また，以下の例のように，前後の業務委託に係る契約について，その全部で
はなく一部のみが同じ小分類に該当する場合であっても，一定程度の同一性を
有すると考えられます[7]。

・不動産会社がフリーランスにデータベースの設計およびサーバーの運用・保守
を委託し，契約終了後，改めてサーバーの運用・保守のみを委託する（日本標
準産業分類では，前の業務委託は「391 ソフトウェア業」および「401 イン
ターネット附随サービス業」，後の業務委託は「401 インターネット附随サー
ビス業」に該当すると考えられます）

　また，前後の業務委託に係る契約において，給付または役務の提供の内容が，
日本標準産業分類の小分類（３桁分類）は異なる場合であっても，当事者間の
これまでの契約や当該特定業務委託事業者における同種の業務委託に係る契約
の状況等に鑑み，通常，前後の業務委託は一体のものとしてなされている状況
がある場合などは，上記の考慮要素から，個別に判断されます[8]。例えば，以下
の事例においては，給付または役務の提供の内容の同一性が認められます[9]。

・居宅について，大工工事の業務委託をし，その後当該居宅に関する内装工事を
追加で発注する（日本標準産業分類の小分類では，大工工事は「071 大工工
事業」に，内装工事は「078 床・内装工事業」に該当すると考えられますが，
同一の居宅について，先に大工工事について業務委託を行い，後で内装工事に
ついて業務委託を行うといった状況がある場合には，前後の業務委託は一体の

7　本QA問67
8　本QA問65
9　本QA問68

Q1　取引期間と本法の適用〈フ・企〉　**89**

ものとしてなされているといえます）

③　空白期間の算定（要件ⅱ）

上記(2)(ⅱ)の空白期間の算定については，始期の初日から起算して，翌月の応当日（翌月の同日。ただし，翌月に応当日がない場合には，翌月の末日）の前日までの期間をもって「1か月」とします。例えば，算定の例は以下のとおりです[10]。

・前の業務委託の終期が12月31日の場合，空白期間の始期は1月1日
　→1月31日までの期間をもって「1か月」となる
　（→次の業務委託の始期が1月31日（空白期間の終期が1月30日）までであれば空白期間が「1か月未満」となる）
・前の業務委託の終期が5月15日の場合，空白期間の始期は5月16日
　→6月15日までの期間をもって「1か月」となる
　（→次の業務委託の始期が6月15日（空白期間の終期が6月14日）までであれば空白期間が「1か月未満」となる）
・前の業務委託の終期が8月30日の場合，空白期間の始期は8月31日
　→9月30日までの期間をもって「1か月」となる
　（→次の業務委託の始期が9月30日（空白期間の終期が9月29日）までであれば空白期間が「1か月未満」となる）

空白期間の計算にあたっての始期と終期の考え方は，それぞれ以下のとおりです[11]。

【始期】前の業務委託に係る契約または基本契約が終了した日（以下①～③のいずれか遅い日）の翌日
　①　3条通知により明示する特定受託事業者の給付を受領する期日（役務の提供を受ける期日）

10　本QA問69
11　本QA問70

② 特定業務委託事業者と特定受託事業者との間で別途定めた業務委託に係る契約の終了する日
③ 基本契約を締結する場合には，当該基本契約が終了する日
※ただし，①の給付を受領する期日よりも，実際には遅く給付を受領した場合には，実際に給付を受領した日と②・③のいずれか遅い日をいう
【終期】次の業務委託に係る契約または基本契約を締結した日（以下①②のいずれか早い日）の前日
① 業務委託に係る契約を締結した日（3条通知により明示する業務委託をした日）
② 基本契約を締結する場合には，当該基本契約を締結した日

④　空白期間がある場合の業務委託の期間の算定

　例えば，特定業務委託事業者が，特定受託事業者に対して，4月1日から6月10日までを契約期間とする1回目の業務委託をし，実際には6月15日に給付を受領した後，新たに6月21日から10月31日までを契約期間とする2回目の業務委託をした場合，空白期間は，6月16日（実際に給付を受領した日である6月15日の翌日）から，6月20日（次の業務委託に係る契約を締結した日の前日）までの5日間となります[12]。

　そして，上記(2)(i)（前後の契約の同一性）と(ii)（前後の契約の近接性）の両方を満たす場合には，前の業務委託または基本契約の始期から後の業務委託の終期までを通算して業務委託に係る期間を算定することになります。空白期間がある場合は，空白期間も算入されることになるため，例えば，「2.4か月の契約終了後，0.5か月の間が空き，また3.5か月の契約を締結する」というケースでは，業務委託の期間は「6.4か月」（2.4＋0.5＋3.5＝6.4）となります[13]。

　なお，始期と終期の考え方は上記(1)単一の業務委託または基本契約による場合と同じです。

12　本QA問70
13　本QA問71，本パブリックコメントNo.3-2-23

【図Q1－2】契約の更新により継続して行うこととなる場合の期間の算定

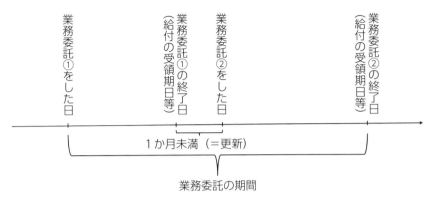

3 小括

　以上を踏まえますと，年に数回程度，不定期に行われる業務委託については，個別の業務委託の期間や間隔，基本契約の有無によって，業務委託に係る期間の算定が異なってきます。そして，業務委託の期間の長短によって，適用される本法の規制も異なってくるということになります。

　各業務委託の期間または基本契約の期間が1か月以上であれば，取引適正化の観点から一定の行為（受領拒否，報酬の減額等）が禁止されます（法5条）。また，各業務委託の期間または基本契約の期間が6か月以上であれば，これに加えて，育児介護等との両立に対する配慮（法13条1項）や中途解除等の予告の義務（法16条）が課されることになります。

　他方で，基本契約を締結していない場合であって，各業務委託の期間がいずれも1か月未満であり，かつ各業務委託の終期の翌日から次の業務委託の始期の前日までの期間が1か月以上である場合には，1か月以上の期間の業務委託を行っていない（1か月未満の業務委託を非連続に行っている）ということになりますので，取引適正化の観点からの禁止行為，育児介護等との両立に対する配慮および中途解除等の予告の義務の規定はいずれも適用されないことになります。

92 Ⅰ　総論

Q2 独占禁止法・下請法との関係〈フ・企〉

本法と独占禁止法や下請法との関係について教えてください。

企業からフリーランスに対する業務委託の取引に関し，ある行為が，本法にも独占禁止法や下請法にも違反する場合，どの法律が適用されるのでしょうか。

また，本法と下請法が両方とも適用される取引において，3条通知（3条書面）はそれぞれの法律に基づいて別個に提示しなくてはならないのでしょうか。

回答・解説

1 ┃ 本法と独占禁止法・下請法との適用関係

公正取引委員会は，本執行ガイドラインにおいて，以下のとおり，本法と独占禁止法および下請法との適用関係についての考え方を示しています。

(1) 独占禁止法との関係

本法と独占禁止法のいずれにも違反する行為については，原則として本法が優先して適用され，本法8条に基づく勧告の対象となった行為と同一の行為について，重ねて独占禁止法に基づく排除措置命令および課徴金納付命令が命じられることはありません（本執行ガイドライン2）。

(2) 下請法との関係

本法と下請法のいずれにも違反する行為についても，原則的には，本法が適用され，本法8条に基づく勧告の対象となった行為について，重ねて下請法7条に基づく勧告が行われることはありません。

ただし，違反行為を行っている事業者が下請法のみに違反する行為も行って

いる場合において，公正取引委員会が，違反事業者の行為の全体について下請法を適用することが適当であると考えるときには，本法と下請法のいずれにも違反する行為についても下請法7条に基づき勧告することがあります（本執行ガイドライン3）。

なお，本法と下請法の適用場面が重なるときに，本法が適用されるからといって下請法の既存の規制がなくなる，または弱められるわけではないと思われます[14]。つまり，本法があるからといって，下請法のみに違反する行為（本法には違反しない行為）が適法とみなされるということにはならないと考えられます。

例えば，本法に基づく再委託先への支払期限は元委託支払期日から起算して30日以内とされていますが，当該再委託について下請法の適用もある場合，再委託元は再委託先に対し，下請法に基づく支払期限（給付の受領から60日以内）に従って報酬を支払う必要があります[15]。

2 本法と下請法に基づく3条通知（3条書面）の関係

本法および下請法の両法が適用される業務委託を行う場合，業務委託事業者（発注事業者）は，特定受託事業者（フリーランス）に対して，同一の書面等において，両法が定める記載事項をあわせて一括で示すことが可能です。そのため，本法に基づく3条通知は，下請法に基づく3条書面を兼ねることができます（本QA問32）。

しかしながら，電磁的方法による場合には，以下のとおり，本法と下請法の規制が若干異なり，下請法のほうがより厳しい規制内容となっているため，注意が必要です。

まず，本法によると，3条通知を電磁的方法により行うことについてフリーランス側の承諾は不要ですが，下請法では事前に下請事業者の承諾を得る必要

14　建設業法についても重複して適用があります（本パブリックコメントNo.4-6）。

15　本パブリックコメントNo.4-3

94　Ⅰ　総論

があります。

　次に，本法と異なり，下請法の3条書面の提供は，下請事業者が電磁的記録を出力して書面を作成できる方法によらなければなりません。

　具体的にいうと，下請法によると，書面の交付に代えて電子メールにより電磁的記録の提供を行う場合は，下請事業者の使用に係るメールボックスに送信しただけでは提供したとはいえず，下請事業者がメールを自己の使用に係る電子計算機に記録しなければ提供したことにはなりません。例えば，通常の電子メールであれば，少なくとも，下請事業者が当該メールを受信していることが必要となります。

　そして，携帯電話に電子メールを送信する方法は，電磁的記録が下請事業者のファイルに記録されないので，下請法で認められる電磁的記録の提供に該当しません。

　これに対し，本法の3条通知は，SNSのダイレクトメッセージ[16]で送信することも可能であり，ウェブメールやクラウドメールのように特定受託事業者の通信端末機器に到達しない方法によることも可能です。特定受託事業者の通信端末機器に到達しない方法による場合は，通常であれば特定受託事業者が3条通知の内容を確認し得る状態となれば，3条通知が到達したものとみなされます。

　このほか，本法の3条通知はウェブページへの掲載で行うことも認められますが，下請法上，書面の交付に代えてウェブページを閲覧させる場合は，下請事業者がブラウザ等で閲覧しただけでは，下請事業者のファイルに記録したことにはならず，下請事業者が閲覧した事項について，別途，電子メールで送信するか，ウェブページにダウンロード機能を持たせるなどして下請事業者のファイルに記録できるような方策等の対応が必要となります。

16　受信者を特定して送信できるメッセージサービスであれば本法の要件を満たしますが，ブログやウェブページで公開される書き込みのように，第三者にも閲覧させる方法による場合は，本法の3条通知と認められません（本解釈ガイドライン第2部第1の1⑸イ㈦）。

Q2 独占禁止法・下請法との関係〈フ・企〉 **95**

〈参考〉下請法に基づく3条書面の提供方法（電磁的方法による場合）[17]

下請法の3条書面の交付に代えて行うことができる電磁的記録の提供の方法は，次のいずれかの方法であって，下請事業者がファイルへの記録を出力することによって書面を作成することができるものをいいます。

(1) 電気通信回線を通じて送信し，下請事業者の使用に係る電子計算機に備えられたファイル（以下「下請事業者のファイル」という）に記録する方法（例えば，電子メール，取引データをまとめてファイルとして一括送信する方法（EDI等），電磁的記録をファイルに記録する機能を有するファックス等に送信する方法等）

(2) 電気通信回線を通じて下請事業者の閲覧に供し，当該下請事業者のファイルに記録する方法（例：ホームページを利用する方法）

(3) 下請事業者に電磁的記録媒体（電磁的記録に係る記録媒体をいう）を交付する方法

---

17 公正取引委員会「下請取引における電磁的記録の提供に関する留意事項」（最終改正令和5年12月25日）
https://www.jftc.go.jp/shitauke/legislation/denjikiroku.html

96　Ⅰ　総論

Q3　労働者該当性〈フ〉

　私はタレントで，芸能事務所と業務委託契約を締結して活動しています。先日，新しい広告出演の仕事をお断りしたいと思いましたが，芸能事務所からは契約に基づき違約金が発生すると言われました。

　私は芸能事務所に雇用されているわけではないので，いわゆるフリーランスであり，本法が適用されるという理解であっていますか。

回答・解説

1 ┃ 「労働者」への本法の適用

　質問のケースにおいて，タレントと芸能事務所との間の契約は，形式的には（契約の名称は）「業務委託契約」であって，雇用契約ではありませんが，このような場合であっても，実態を勘案して総合的に判断して「労働者」に該当すると認められる場合には，本法の特定受託事業者には該当しません。この場合には，本法ではなく，個別的労働関係法令（労働基準法，労働契約法，育児介護休業法[18]，男女雇用機会均等法[19]，労働安全衛生法等）が適用されます[20]。

　このように，実態としては「労働者」に該当するような働き方をしているにもかかわらず，雇用契約が締結されずにフリーランスとして扱われている者は，昨今，「偽装フリーランス」とも呼ばれ，労働基準法等に基づく保護が受けられていないことなどが問題視されています。厚生労働省の集計によると，「偽

---

[18]　正式名称は「育児休業，介護休業等育児又は家族介護を行う労働者の福祉に関する法律」（平成 3 年法律第76号）

[19]　前掲第 1 章注67と同じ。

[20]　本QA問 5，本パブリックコメントNo.1 - 1 -11。なお，発注事業者との関係で，受注事業者が本法の「特定受託事業者」に該当する者であっても，労働組合法における「労働者」と認められる場合があり，この場合は，当該発注事業者との関係では，本法が適用されるほか，団体交渉等について同法による保護を受けることができます（本QA問 5）。

装フリーランス」は2023年度の1年間で153人いたとの報道もみられます[21]。

2 「労働者」該当性の判断[22]

労働基準法における「労働者」（同法9条）に該当するか否かは，労働省労働基準局（当時）「労働基準法研究会報告（労働基準法の『労働者』の判断基準について）」（昭和60年12月19日）[23]に示された基準に従って判断されることが一般的であり，「労働者」該当性が争われた多くの裁判例においてもこの基準に従って判断がされています。

フリーランスの「労働者」該当性についても同じ基準で判断されることになると考えられ，「フリーランスとして安心して働ける環境を整備するためのガイドライン」（第1章2(2)参照）においても，それを前提とした記載がされています。また，厚生労働省は，フリーランスとして契約しながら実態は労働者となっている者の労働環境を整備するための取組みの1つとして，労働者性の判断基準について理解を促すため，労働者性判断に係る近時の代表的な裁判例を取りまとめた参考資料集（厚生労働省労働基準局「労働基準法における労働者性判断に係る参考資料集」）を令和6年10月に作成しています。

従前の基準に従い，労働基準法における「労働者」に該当するか否かは，使用従属性が認められるかによって判断され，この使用従属性は以下の2つの基準で判断されることになります。

---

① 労働が他人の指揮監督下において行われているか否か（指揮監督下の労働）

---

21 2024年6月11日日本経済新聞「『偽装フリーランス』153人　厚労省が初集計，23年度」等

22 厚生労働省労働基準局「労働基準法における労働者性判断に係る参考資料集」（令和6年10月時点）https://www.mhlw.go.jp/content/001320609.pdf，内閣官房・公正取引委員会・中小企業庁・厚生労働省「フリーランスとして安心して働ける環境を整備するためのガイドライン」（令和6年10月18日改定）第6

23 https://www.mhlw.go.jp/stf/shingi/2r9852000000xgbw-att/2r9852000000xgi8.pdf

② 報酬が「指揮監督下における労働」の対価として支払われているか否か（報酬の労務対償性）

　上記①については，(a)仕事の依頼，業務従事の指示等に対する諾否の自由の有無，(b)業務遂行上の指揮監督の有無，(c)拘束性の有無，という３つの基準によって判断され，さらに，(d)代替性の有無という要素も指揮監督関係の判断を補強すると考えられています。それぞれの具体的な内容・考え方は，【表Q３－１】のとおりです。

【表Q３－１】「労働者」該当性の判断基準

		労働者性ありの方向	労働者性なしの方向
①指揮監督下の労働	(a)諾否の自由の有無	具体的な仕事の依頼や業務に従事するよう指示があった場合などに，それを拒否することは，病気等特別な理由がない限り，認められていない	具体的な仕事の依頼や業務に従事するよう指示があった場合などに，受けるか否かを自ら決めることができる
	(b)業務遂行上の指揮監督の有無	・業務の遂行が発注者等の管理下で行われている，細部に至るまで指示がなされている ・発注者等の指示に従って，通常予定されている業務以外の業務に従事することがある	作業の指示がなされていても，それが通常，発注者等が行う程度の指示にとどまる
	(c)拘束性の有無	業務の遂行を指揮命令する必要性から，勤務場所および勤務時間が指定され，管理されている	・勤務場所と勤務時間の指定・管理がなされていない ・勤務場所と勤務時間の指定・管理がなされている場合でも，それが業務の性質等を理由とするものである

	(d)代替性の有無 ※補強要素		受注者に代わって（または補助して）他の人が労務を提供することが認められている
②報酬の労務対償性		支払われる報酬の性格が，発注者等の指揮監督の下で一定時間労務を提供していることへの対価である（主に作業時間をもとに報酬が決定されている，拘束時間が当初より伸びた場合に報酬がそれに応じて増える，など）	支払われる報酬が，受注者の能力等に応じて決められている
※①②で判断困難な場合の補強要素	事業者性の有無	・仕事に必要な機械，器具等を，発注者等が所有・用意している ・報酬額が，同様の仕事をする労働者と比較して高額であるが，それが長時間労働の結果である（単位時間当たりの報酬額は高額でない）	・仕事に必要な機械，器具等（著しく高価なもの）を受注者が所有・用意している ・報酬額が，同様の仕事をする労働者と比較して著しく高額である
	専属性の程度	・他の発注者等の業務を行うことが制度上制約されたり，時間的な余裕がなく事実上困難であったりする ・報酬に固定給部分があるなど報酬に生活保障的要素が強い	
	その他		

　質問のケースにおけるタレントは，指示された業務を拒否しようとしたら，違約金が発生すると言われたとの事情からすると，上記①(a)の諾否の自由があったとはいえないと評価される可能性が高いと思います。もちろん，その他の事情も総合考慮しなければ結論を出すことはできませんが，質問のケースに

おけるタレントは「労働者」に該当すると認められる可能性があります[24]。「労働者」該当性が認められると，事業者においては，労基法違反があったことになるなど，大きな影響があることになります。

なお，芸能タレントの「労働者」性については行政通達（昭和63年7月30日基収355号）（いわゆる「芸能タレント通達」，「光GENJI通達」）も存在しますが，裁判例では，この通達に従って芸能タレントの「労働者」性を判断しているものは少ないと思います。

このような「労働者」該当性については，裁判で争われるケースが多くみられるほか，労働基準監督署に申告等がなされて労働基準監督署において判断がされる例もあります。もっとも，独立行政法人労働政策研究・研修機構「労働者性に係る監督復命書等の内容分析」[25]によれば，2017年4月1日から2019年10月2日までの約2年半の期間において，全122件のうち労働者性ありとする事案が27件（22.1％），労働者性なしとする事案が37件（30.3％），労働者性の判断に至らなかった事案が58件（47.5％）となっており，半数近くが労働者性の判断に至っておらず，また，労働者性を判断したもののうち，否定的な判断が肯定的な判断を上回るという状況でした。

このようにフリーランスとされる者の「労働者」該当性が問題になりうる事案（「偽装フリーランス」の問題）については，本法施行後，労働基準監督署とフリーランス110番や公正取引委員会等が効果的に連携すべき場面が生じることも想定されます[26]。厚生労働省は，本法の施行日にあわせて，自らの働き方が労働者に該当する可能性があると考えるフリーランスからの相談に対応するため，全国の労働基準監督署に「労働者性に疑義がある方の労働基準法等違反相談窓口」を設置しました。

24　近時の事例では，大阪地判令和5年4月21日において，マネジメント会社の指示どおりに業務を遂行しなければ，違約金を支払わされるとの意識の下で仕事を遂行していたとの事実認定がなされ，諾否の自由があったとは認められないなどの理由から，「労働者」該当性を肯定する判断がなされています。

25　https://www.jil.go.jp/institute/reports/2021/documents/0206.pdf

26　鎌田耕一ら編『フリーランスの働き方と法—実態と課題解決の方向性』（日本法令，2023年）204〜209頁参照

Q4 契約書への記載事項〈企〉

　本法の定める内容を踏まえて，会社とフリーランスとの間の業務委託契約書に盛り込むべき条項はありますか。

　下請法に準拠した契約書や発注書を用いれば，本法との関係でも足りるでしょうか。

回答・解説

1 特定受託事業者（フリーランス）に明示すべき事項

　前提として，本法3条1項によれば，業務委託事業者（発注事業者）は，特定受託事業者（フリーランス）に業務委託について合意をした場合，ただちに，所定の事項を，書面等により特定受託事業者に対し明示しなければなりません（詳細は第1章3(2)参照）。この書面等は3条通知と呼ばれます。

　3条通知が必要とされるのは，業務委託をする際に発注者側に当該業務委託契約の内容を明示させることによって，発注者とフリーランスとの間のトラブルを未然に防止するためです。

　3条通知は，契約書という体裁にする必要はなく，発注書でも足ります。3条通知として，個別の業務委託契約書という体裁をとる場合には，具体的には，以下の項目を契約書で定めておくべきといえます。

---

　①　契約当事者名（当事者を識別できる情報）
　②　委託日（委託契約に合意した日）
　③　業務委託の目的であるアウトプットや作業の内容（例：納品する物品や情報成果物の具体的な規格，仕様，数量等，遂行する作業（役務）の内容）
　④　納品等の期日・期間（例：成果物の納品日，委託した役務の提供の期間）
　⑤　納品等の場所（役務の提供場所の特定が不可能な場合については明示不要）
　⑥　検査の完了期日（該当があれば）

⑦ 報酬の額および支払期日
⑧ 現金以外の方法で報酬を支払う場合の明示事項（例：デジタル払いの場合には資金移動業者の名称，資金移動の額）
⑨ 内容が定められない事項がある場合の明示事項等（例：具体的な仕様が確定できない場合にはその理由および仕様が確定する予定期日）
⑩ 共通事項がある場合の明示事項等（例：その他は基本契約による旨の定め）

　③の業務委託の目的であるアウトプットや作業の内容については，その品目，品種，数量，規格，仕様等（役務提供の場合であれば具体的な作業内容等）について，委託を受ける際に，特定受託事業者（フリーランス）側がわかるような記載になっている必要があります。そのため，正当な理由がないにもかかわらず，「具体的な仕様は，追って指定する」としたり，「具体的な作業内容は，協議の上で発注者が指定する」としたりして，委託を受ける際に，特定受託事業者がその具体的な内容を理解できないような契約の定めとすることは適切ではありません。

　③の点が不明確であると，本法違反もさることながら，契約上の紛争に発展するリスクもあるため，注意が必要です。

2 ｜ 下請法の３条書面との異同

　下請法に基づく３条書面で明示すべき事項については，基本的に本法に基づく３条通知でも明示が義務づけられています。

　ただし，下請法上で明示が必要となる原材料等を有償支給する場合の品名，数量，対価および引渡しの期日ならびに決済期日および決済方法について，本法では有償支給原材料の対価の早期決済の禁止（下請法４条２項１号）が規定されていないことから，３条通知の必要的な記載事項となっていません。

　本法の３条通知と下請法の３条書面の記載事項を対比すると次頁の表のとおりであり，下請法に準拠した契約書や発注書を用いれば，基本的に本法の３条通知として有効に機能します。

Q4　契約書への記載事項〈企〉　103

【表Q4-1】 3条通知と3条書面の異同

項目	本法（3条通知）の記載要否	下請法（3条書面）の記載要否
当事者名など	○	○
委託日	○	○
給付の内容	○	○
納品等の期日等	○	○
納品等の場所	○	○
検査の完了期日	○	○
代金の額・支払期日	○	○
手形払いの場合	○	○
一括決済方式の場合	○	○
デジタル払いの場合	○	― （デジタル払いは想定されていない）
電子記録債権の場合	○	○
原材料等を購入させる場合の品名，数量，対価，引渡し，決済等	― （有償支給原材料等の対価の早期決済の禁止の規定がない）	○
未定事項の理由と確定の予定期日	○	○
共通事項に係る明示	○	○
再委託に関する事項 （60日を超えて報酬期日を定める場合）	○	― （再委託の報酬期日の特則はない）

　上表に記載のとおり，デジタル払いを行う場合は，下請法で想定されていないため，本法に則した新たな明示事項が必要になります。また，本法に基づき，再委託に関し，給付の受領から60日を超えて報酬期日を定める場合にも，下請法にはない明示事項（再委託であること，元委託者の氏名等，元委託業務の対価の支払期日）を記載する必要があるので，留意が必要です。

104　Ⅰ　総論

3 ｜ 就業環境の整備に関する規制との関係

　就業環境の整備に関する規制（法12～16条）との関係では，会社とフリーランスとの間の業務委託契約書に必ず盛り込む必要がある事項はないと考えられます。もっとも，以下の観点から，業務委託契約書への追記等を検討することはありうるところです。

(1)　業務委託におけるハラスメントに関する相談[27]

　本法14条１項により，特定業務委託事業者は，特定受託業務従事者に対する業務委託におけるハラスメント行為により，その就業環境が害されることのないよう，その者からの相談に応じ，適切に対応するために必要な体制の整備その他の必要な措置を講じなければならず，その措置の内容の中には，以下の内容を特定受託業務従事者に周知することが含まれます。

> ・業務委託におけるハラスメントに関する相談窓口の案内
> ・上記窓口への相談への対応または事後の対応にあたっては，相談者・行為者等のプライバシーを保護するために必要な措置を講ずる旨
> ・特定受託業務従事者がハラスメントに関する相談をしたことまたは事実関係の確認等の特定業務委託事業者の講ずべき措置に協力したこと，厚生労働大臣に対して申出をし，適当な措置をとるべきことを求めたことを理由として，不利益な取扱いをされない旨

　これらを周知する方法については法令で限定されているものではなく，メールやイントラネットに記載する方法なども考えられますが，業務委託契約書に明記することも周知の方法の１つであることから，本法14条１項により求められる特定受託業務従事者への周知のために，上記の各内容を契約書に記載する

27　本指針第４.５(2)イ，同(4)

ことが考えられます。

(2) 育児介護等と業務の両立に対する配慮[28]

本法13条により，特定業務委託事業者は，特定受託事業者が，育児介護等と両立して継続的業務委託（6か月以上のもの）に係る業務を行えるよう，必要な配慮をする義務があり，また，継続的業務委託以外の業務委託の場合も，必要な配慮をする努力義務があります。また，この配慮が円滑に行われるようにするため，特定受託事業者が配慮に関する申出をしやすい環境を整備しておくことが重要であることから，本指針においては，特定業務委託事業者は，配慮の申出が可能であることや，配慮を申し出る際の窓口・担当者，配慮の申出を行う場合の手続等を周知することが望ましいとされています。

この周知は法令上の義務ではありませんが，これに対応するために，この内容を業務委託契約書に記載することが考えられます（もっとも，上記(1)と同様，他の方法で周知することでも問題ありません）。

(3) 解除等の事前予告

本法16条により，特定業務委託事業者は，継続的業務委託（6か月以上のもの）を解除しようとする場合または期間満了後に更新しないこと（不更新）をしようとする場合には，原則として，当該契約の相手方である特定受託事業者に対し，解除日または契約満了日の30日前までに，その旨を予告しなければならず（同条1項），また，特定受託事業者から請求された場合には，原則として，解除等の理由を遅滞なく開示しなければならないとされています（同条2項）。

特に解除等の事前予告については，実務上，契約に係る取引を担当する現場の従業員が30日前の予告を行う必要がある場合が多いと思われ，もしその認識が漏れていると，法務部等に相談があがることもなく，本法違反が生じてしま

---

28 本指針第3.2(1)

106　Ⅰ　総論

うリスクがあるのではないかと思います（なお，理由開示義務については，請求があれば対応すればよいということで，このようなリスクは事前予告義務より低いと思われます）。そのため，本法16条の遵守のために業務委託契約書に何か条項を入れることが必要というわけではありませんが，特定業務委託事業者の社内運用として，事前予告がきちんとなされるようにするために，業務委託契約書上，解除・不更新を行う際の手続として，30日前予告が必要である旨を明記しておくことが考えられます（そうすれば，現場の担当者が解除等をしようと思ったときにこの条項を確認することで，事前予告の漏れが生じることを防ぐことができます）。その際には，契約書に，事前予告の例外事由まで明記するか，理由開示義務についても明記するか，なども検討することになるかと思いますが，それらは契約書に明記するのではなく，例えば社内のマニュアルなど別の方法で従業員の理解を促進することもありうるでしょう。

　また，発注事業者の立場からすると，契約書に30日前予告が必要である旨を明記する際も，解除条項等（例えば無催告解除事由を列挙する条項が入っていることが多いです）は従前のままとして，それとは別に30日前予告の手続について定める条項を入れ，仮に事前予告がされなかった場合でも，解除権は発生しており，解除は有効であるといえる余地を残しておくのがよいかと思います。本法16条1項の事前予告が行われなかったときでも，本法に基づきただちに解除等が無効となるわけではないと考えられるためです[29]。具体的には，「会社は，フリーランスが次の各号（無催告解除事由）のいずれかに該当したときは，30日前までに予告することで，本契約を解除することができる」のように，30日前予告が解除権の発生の要件であるような書きぶりにならないようにしたほうがよいと思われます。

29　本QA問107

Q5　本法施行前の契約〈企〉

フリーランスに日常的に業務委託を行っています。

本法の施行日より前に業務委託の契約を行い，施行後にフリーランスから業務委託に関する成果物を受領する場合，本法の規定は適用されますか。

施行日より前に締結した継続的な業務委託契約が，施行後に自動更新された場合には，本法の適用対象となるでしょうか。

回答・解説

本法が適用されるのは，本法の施行後（令和6年11月1日以降）に行われた業務委託であり，本法の施行前に行われた業務委託について，本法の適用はありません。

より具体的にいうと，本法は，施行後に合意をした業務委託に適用されるものであり，施行前に合意をした業務委託については，本法施行後に給付を受領し，または役務の提供を受ける場合であっても，本法の適用はありません[30]。

そのため，施行日前に契約をしたフリーランスに対する業務委託について，本法は適用されません。

他方で，本法の施行前に行われた業務委託の契約であっても，本法施行後に契約の更新（自動更新の場合を含みます）が行われた場合には，新たな業務委託が行われたものと考えられますので，更新後の契約について，本法の適用があるということになります[31]。

そのため，業務委託事業者は，更新後の契約との関係で，本法に基づく3条通知を行う必要があります。

この場合において，施行前に締結された業務委託契約書等に3条通知により明示すべき事項がすべて記載されており，当該契約書等が書面または電磁的方

30　本パブリックコメントNo. 4-14
31　本パブリックコメントNo. 2-1-4

108　I　総論

法によって交付されている場合であって，契約の更新にあたって明示事項に関し変更がないのであれば，すでに締結された業務委託契約書等をもって3条通知による明示があったといえますので，別途新たに3条通知を行う必要はありません（本QA問34）。

109

Q6 違反行為の是正〈企〉

フリーランスに業務委託を行っている企業です。内部監査の過程で，本法5条1項2号に違反して，当社が複数のフリーランスへの報酬を不当に減額していたことに気づきました。

ただちに不当に減額した分を委託先のフリーランスに支払いたいと思いますが，減額分を追加で支払ったとしても，本法に基づき課徴金や罰則を受けることはあるでしょうか。勧告を受けないために，何か対応できることはあるでしょうか。

回答・解説

1 取引適正化パートの違反に対する措置

本法5条1項2号など，本法の取引適正化パート（法3条～5条）に違反した場合であっても，そのこと自体をもって，本法に基づき課徴金や罰則が科されることはありません。

本法の取引適正化パート（法3条～5条）の違反については，本法に基づき，公正取引委員会から是正の勧告が行われることがあります（法8条）。

是正の勧告は行政指導の一種ですが，勧告に従わない場合には，公正取引委員会から勧告に係る措置をとるように命令（行政処分）を受ける可能性があります（法9条）。この命令を受けた場合，その旨が公表されます[32]。

32　勧告について公表されるか否かについては，公表資料から明らかではなく，今後の運用に委ねられているものとみられます。下請法違反に係る勧告については，従来から公表がされています。

〈参考〉関連条文

（勧告）

第8条　公正取引委員会は，業務委託事業者が第3条の規定に違反したと認める
　　ときは，当該業務委託事業者に対し，速やかに同条第1項の規定による明示又
　　は同条第2項の規定による書面の交付をすべきことその他必要な措置をとるべき
　　きことを勧告することができる。

2　公正取引委員会は，特定業務委託事業者が第4条第5項の規定に違反したと
　　認めるときは，当該特定業務委託事業者に対し，速やかに報酬を支払うべきこ
　　とその他必要な措置をとるべきことを勧告することができる。

3　公正取引委員会は，特定業務委託事業者が第5条第1項（第1号に係る部分
　　に限る。）の規定に違反していると認めるときは，当該特定業務委託事業者に
　　対し，速やかに特定受託事業者の給付を受領すべきことその他必要な措置をと
　　るべきことを勧告することができる。

4　公正取引委員会は，特定業務委託事業者が第5条第1項（第1号に係る部分
　　を除く。）の規定に違反したと認めるときは，当該特定業務委託事業者に対し，
　　速やかにその報酬の額から減じた額を支払い，特定受託事業者の給付に係る物
　　を再び引き取り，その報酬の額を引き上げ，又はその購入させた物を引き取る
　　べきことその他必要な措置をとるべきことを勧告することができる。

5　公正取引委員会は，特定業務委託事業者が第5条第2項の規定に違反したと
　　認めるときは，当該特定業務委託事業者に対し，速やかに当該特定受託事業者
　　の利益を保護するため必要な措置をとるべきことを勧告することができる。

6　公正取引委員会は，業務委託事業者が第6条第3項の規定に違反していると
　　認めるときは，当該業務委託事業者に対し，速やかに不利益な取扱いをやめる
　　べきことその他必要な措置をとるべきことを勧告することができる。

（命令）

第9条　公正取引委員会は，前条の規定による勧告を受けた者が，正当な理由が
　　なく，当該勧告に係る措置をとらなかったときは，当該勧告を受けた者に対し，
　　当該勧告に係る措置をとるべきことを命ずることができる。

2　公正取引委員会は，前項の規定による命令をした場合には，その旨を公表す
　　ることができる。

　なお，この命令にも従わない場合には，その行為者と当該行為者が属する法
人の双方に対し，50万円以下の罰金刑が科される可能性があります（法24条1
号，25条）。

〈参考〉関連条文

第24条　次の各号のいずれかに該当する場合には，当該違反行為をした者は，50
　万円以下の罰金に処する。
一　第9条第1項又は第19条第1項の規定による命令に違反したとき。
（略）
第25条　法人の代表者又は法人若しくは人の代理人，使用人その他の従業者が，
　その法人又は人の業務に関し，前条の違反行為をしたときは，行為者を罰する
　ほか，その法人又は人に対して同条の刑を科する。

2 ┃ 勧告を受けないための対応

　自社の本法違反行為に気づき，勧告を受けないようにするためには，公正取
引委員会に違反行為について自発的に申し出て，是正のために必要な対応をと
るべきです。

　公正取引委員会は，業務委託事業者の自発的な改善措置が，特定受託事業者
が受けた不利益の早期回復に資することに鑑み，本法8条に基づく勧告の対象
となる違反行為に関する自発的な申出が業務委託事業者からなされ，かつ，当
該業務委託事業者について，以下の(1)から(5)に該当するような事情が認められ
た場合には，業務委託事業者の法令遵守を促す観点から当該違反行為について
勧告するまでの必要はないものと整理しています（本執行ガイドライン4）。

(1)　公正取引委員会が当該違反行為に係る調査に着手する前に，当該違反行為を
　自発的に申し出ていること
(2)　当該違反行為をすでに取りやめていること
(3)　当該違反行為によって特定受託事業者に与えた不利益を回復するために必要
　な措置をすでに講じていること
(4)　当該違反行為を今後行わないための再発防止策を講ずることとしていること
(5)　当該違反行為について公正取引委員会が行う調査および指導に全面的に協力
　していること

したがって，本法5条1項2号に違反して，フリーランスへの報酬を不当に減額していたことに気づいた場合，勧告を受けないように対応するためには，当該違反行為について自発的に公正取引委員会に申し出るとともに，不当に減額した分を当該フリーランスに対して速やかに追加で支払い，今後同様の行為が行われないように，社内への周知や教育の徹底等を行うことが考えられます。

Q7　取引適正化規制の違反行為に対する救済〈フ〉

　企業からプログラミング作業の業務の委託を受けているフリーランスです。

　発注事業者である企業が，資金繰りが厳しいことを理由に，検収から60日を過ぎても報酬を支払ってくれないことが度々あります。本法4条5項に違反するのではないかと思いますが，このような違反行為がある場合，どこに相談すればよいのでしょうか。

　外部に相談することで取引を打ち切られてしまっては困るので，そういうことが起こらないようにしたいです。

回答・解説

1　行政機関への申出

　本法の取引適正化に関する規制の違反行為がある場合，特定業務受託者（フリーランス）は，その違反行為について公正取引委員会または中小企業庁長官に申出を行い，適当な措置をとることを求めることができます（法6条1項）。

　そして，公正取引委員会または中小企業庁長官は，フリーランスから申出を受けた場合には，必要な調査を行った上でその申出の内容が事実であると認めるときは，本法に基づく措置等の適当な措置をとらなければならないとされています（同2項）。

　そのため，本法に違反して発注事業者による報酬の支払遅延があるような場合には，公正取引委員会または中小企業庁長官に対し，その具体的な事実について申出を行い，発注事業者に是正を促すように求めることが考えられます。

　発注事業者は，フリーランスがこのような申出を行ったことを理由として，取引の打ち切りや取引数量の削減等の不利益な取扱いをしてはならないと定められています（法6条3項）。

2 ┃ 相談窓口

　本法の違反行為を受けたフリーランスは,「フリーランス・トラブル110番」[33] という相談窓口で相談することも可能です。

　「フリーランス・トラブル110番」とは,フリーランスが,契約上・仕事上のトラブルについて弁護士に無料で相談できる相談窓口です。この相談窓口は,厚生労働省からの委託を受けて,令和2年11月から第二東京弁護士会が運営しています。

　この相談窓口では,契約内容,報酬の未払い,ハラスメント等のフリーランスと発注事業者との間の取引上のトラブルについて,弁護士が,秘密厳守の上で相談に対応し,法律上取り得る対応等のアドバイスを行っています。匿名での相談も受け付けており,対面のみならず,電話やメール,ビデオ会議の形式でも相談に応じる体制となっています。

　また,「フリーランス・トラブル110番」では,必要に応じて無料の和解あっせん手続を提供したり,労働基準監督署等の関係機関を紹介したりすること等により,トラブルの解決を図っています。

　その他,「フリーランス・トラブル110番」については,第1章2(1)もご参照ください。

33　前掲第1章注16

115

Q8 就業環境整備規制の違反行為に対する救済〈フ〉

私はフリーランスのデザイナーで，従業員が２名だけの小規模な制作会社と業務委託契約を締結して働いていますが，その２名からパワハラを受け続け，うつ病になってしまいました。

今般，会社が業務委託におけるハラスメントに関する相談窓口を設置したとのことで，相談しようとしましたが，当の本人である従業員が窓口担当者なので，無視されてしまいました。どこか外部に相談することもできるのでしょうか。

また，従業員２名のパワハラを放置していた会社に対して，損害賠償を求めることはできますか。

回答・解説

1 外部への相談

本法の就業環境の整備に関する規制（法12条～16条）の違反行為がある場合，特定業務受託者は，その違反行為について厚生労働大臣に申出を行い，適当な措置をとることを求めることができます（法17条１項）。

そして，厚生労働大臣は，特定業務受託者から申出を受けた場合には，必要な調査を行った上でその申出の内容が事実であると認めるときは，本法に基づく措置等の適当な措置をとらなければならないとされています（法17条２項）。委託者は，特定業務受託者がこのような申出を行ったことを理由として，不利益な取扱いをしてはならないことも定められています（同条３項，６条３項）。

本法12条，14条または16条の違反については，厚生労働大臣からの是正の勧告が行われることがあります（法18条）。そして，本法12条または16条の違反については，この勧告に従わない場合には，厚生労働大臣から勧告に係る措置をとるように命令を受け，その旨が公表される可能性があります（法19条１

116 Ⅰ　総論

項・2項)。本法14条の違反については，上記の勧告に従わない場合には，その旨が公表される可能性があります（法19条3項）。

　なお，上記の命令にも従わない場合には，その行為者と当該行為者が属する法人の双方に対し，50万円以下の罰金刑が科される可能性があります（法24条1号，25条)。

　そのため，質問の件のように，業務委託におけるハラスメントに関する相談に応じる義務（法14条1項）を遵守していないなど，本法の就業環境の整備に関する規制の違反があるような場合には，厚生労働大臣に対し，その具体的な事実について申出を行うことが考えられます。

　また，本法の違反行為を受けたフリーランスは，「フリーランス・トラブル110番」という相談窓口で相談することも可能です。この点については，Q7をご参照ください。

〈参考〉関連条文

（申出等）
第17条　特定業務委託事業者から業務委託を受け，又は受けようとする特定受託事業者は，この章の規定に違反する事実がある場合には，厚生労働大臣に対し，その旨を申し出て，適当な措置をとるべきことを求めることができる。
2　厚生労働大臣は，前項の規定による申出があったときは，必要な調査を行い，その申出の内容が事実であると認めるときは，この法律に基づく措置その他適当な措置をとらなければならない。
3　第6条第3項の規定は，第1項の場合について準用する。

（申出等）
第6条
（略）
3　業務委託事業者は，特定受託事業者が第1項の規定による申出をしたことを理由として，当該特定受託事業者に対し，取引の数量の削減，取引の停止その他の不利益な取扱いをしてはならない。

（勧告）
第18条　厚生労働大臣は，特定業務委託事業者が第12条，第14条，第16条又は前条第3項において準用する第6条第3項の規定に違反していると認めるときは，

当該特定業務委託事業者に対し，その違反を是正し，又は防止するために必要な措置をとるべきことを勧告することができる。

（命令等）

第19条　厚生労働大臣は，前条の規定による勧告（第14条に係るものを除く。）を受けた者が，正当な理由がなく，当該勧告に係る措置をとらなかったときは，当該勧告を受けた者に対し，当該勧告に係る措置をとるべきことを命ずることができる。

2　厚生労働大臣は，前項の規定による命令をした場合には，その旨を公表することができる。

3　厚生労働大臣は，前条の規定による勧告（第14条に係るものに限る。）を受けた者が，正当な理由がなく，当該勧告に係る措置をとらなかったときは，その旨を公表することができる。

（報告及び検査）

第20条　厚生労働大臣は，第18条（第14条に係る部分を除く。）及び前条第1項の規定の施行に必要な限度において，特定業務委託事業者，特定受託事業者その他の関係者に対し，業務委託に関し報告をさせ，又はその職員に，これらの者の事務所その他の事業場に立ち入り，帳簿書類その他の物件を検査させることができる。

2　厚生労働大臣は，第18条（第14条に係る部分に限る。）及び前条第3項の規定の施行に必要な限度において，特定業務委託事業者に対し，業務委託に関し報告を求めることができる。

3　第11条第3項及び第4項の規定は，第一項の規定による立入検査について準用する。

（報告及び検査）

第11条

（略）

3　前2項の規定により職員が立ち入るときは，その身分を示す証明書を携帯し，関係人に提示しなければならない。

4　第1項及び第2項の規定による立入検査の権限は，犯罪捜査のために認められたものと解釈してはならない。

第24条　次の各号のいずれかに該当する場合には，当該違反行為をした者は，50万円以下の罰金に処する。

一　第9条第1項又は第19条第1項の規定による命令に違反したとき。

二　第11条第1項若しくは第2項又は第20条第1項の規定による報告をせず，

若しくは虚偽の報告をし，又はこれらの規定による検査を拒み，妨げ，若しくは忌避したとき。

第25条　法人の代表者又は法人若しくは人の代理人，使用人その他の従業者が，その法人又は人の業務に関し，前条の違反行為をしたときは，行為者を罰するほか，その法人又は人に対して同条の刑を科する。

第26条　第20条第2項の規定による報告をせず，又は虚偽の報告をした者は，20万円以下の過料に処する。

2 ▎ 業務委託におけるハラスメントがあった場合の会社に対する損害賠償請求

　フリーランスが，業務を委託する会社の従業員からハラスメントを受けた場合，当該従業員だけでなく，会社に対しても，損害賠償請求をすることができます。

　その根拠としては，(1)当該従業員に不法行為が成立することを前提とした，使用者責任に基づく損害賠償請求（民法715条）のほか，(2)会社の契約上の安全配慮義務の違反[34]を根拠とすることが考えられます。

　上記(2)の安全配慮義務については，会社が雇用関係のある労働者に対して安全配慮義務を負うことは労働契約法5条に定められていますが，フリーランスに対して安全配慮義務を負うことの法令上の定めはありません。もっとも，安全配慮義務を負うことを初めて認めた最高裁判決は，これを雇用契約上の信義則に基づく義務ではなく，「ある法律関係に基づいて特別な社会的接触の関係に入つた当事者間において……信義則上負う義務」と説示しており[35]，その後，業務委託をした会社が委託を受けたフリーランスに対して安全配慮義務を負う

34　安全配慮義務は，契約上の義務であるだけでなく，不法行為法上の注意義務でもあるとして，義務違反に対して不法行為に基づく損害賠償請求が認められている判例もあります（最二小判平12・3・24民集54巻3号1155頁（電通事件）等）。水町勇一郎『詳解　労働法 第3版』（東京大学出版会，2023年）879頁。

35　最三小判昭50・2・25民集29巻2号143頁（陸上自衛隊八戸車両整備工場事件）

ことが認められた裁判例も出ています[36]。

さらに，本法施行後は，業務委託におけるハラスメントによって特定受託業務従事者の就業環境が害されることのないよう必要な措置を講じることが特定業務委託事業者の義務となっていることから（法14条1項），(3)当該措置を講じるという不法行為法上の注意義務の違反を根拠として，会社に対する損害賠償請求をすることもあり得るかと思います[37]。

---

36 東京地判令4・5・25労判1269号15頁（アムールほか事件）
37 労働者に対してパワハラがあった場合に関する記載ではありますが，西谷敏『労働法［第3版］』（日本評論社，2020年）432頁には，「上司や社長によるパワハラが……精神疾患（自殺）をもたらす事案も急増している。この場合には，第一次的にはパワハラ行為を行った者が不法行為責任を負うが，使用者の責任の根拠は，事情によって，民法715条の使用者責任か，上司のパワハラによって労働者の就業環境が害されることのないよう適切な措置をとる（労働施策推進法30条の2第1項。……）という不法行為上の注意義務もしくは労働契約上の安全配慮義務（就業環境整備義務）への違反を根拠とすることになる。」と記載されています。

120　I　総論

Q9　越境取引〈フ・企〉

　海外の企業が日本に居住するフリーランスに業務委託を行う場合，本法は適用されるのでしょうか。

　これとは逆に，日本の企業が海外に居住するフリーランスに業務委託を行う場合，本法は適用されるのでしょうか。

回答・解説

　国または地域をまたがる業務委託については，その業務委託の全部または一部が日本国内で行われていると判断される場合には，本法が適用されます[38]。

　具体的には，日本に居住するフリーランスが海外に所在する発注事業者から業務委託を受けるケースや，海外に居住するフリーランスが日本に所在する発注事業者から業務委託を受けるケースにおいて，委託契約が日本国内で行われたと判断される場合や，フリーランスが委託された業務に係る活動（例えば，情報成果物の作成やサービスの提供等）を日本国内で行っていると判断される場合には，本法が適用されます。

　つまり，越境取引の具体的なケースについて本法の適用があるか否かという点は，業務委託の実態次第ということになります。

　例えば，日本企業が海外居住のフリーランスに業務委託を行う場合であって，そのフリーランスと海外において業務委託契約を行い，すべて海外で完結する作業（役務）を委託したような場合には，業務委託の全部または一部が日本国内で行われたとはいえないため，本法の適用はないと考えられます。

38　本パブリックコメントNo. 1 - 1 -12

〈参考〉国会答弁（抜粋）[39]

> ○浜口誠君　国民民主党・新緑風会の浜口誠です。
>
> 　（略）
>
> 　日本に居住するフリーランスが海外から業務を受託したり，海外に居住するフリーランスが日本に事業拠点を設ける委託事業者から業務を受託することもあります。こうした越境取引は本法案の適用対象となるのでしょうか。お答えください。
>
> ○国務大臣（後藤茂之君）　浜口誠議員の御質問にお答えいたします。
>
> 　（略）
>
> 　越境取引への本法案の適用関係についてお尋ねがありました。
>
> 　国又は地域をまたがる業務委託については，その業務委託の全部又は一部が日本国内で行われていると判断される場合には，本法案が適用されると考えています。
>
> 　具体的には，日本に居住するフリーランスが海外に所在する発注事業者から業務委託を受ける場合や，海外に居住するフリーランスが日本に居住する発注事業者から業務委託を受ける場合について，委託契約が日本国内で行われたと判断される場合や，業務委託に基づきフリーランスが商品の製造やサービスの提供等の事業活動を日本国内で行っていると判断される場合には，本法案を適用されると考えています。

39　第211回国会参議院本会議第17号（令和5年4月21日）

Ⅱ 取引適正化パート

【1】 対象となる範囲

Q1 特定受託事業者の範囲 〈フ・企〉

本法ではフリーランスのことを「特定受託事業者」と呼称していると聞きました。この「特定受託事業者」にはどのような者が含まれるのでしょうか。法人であっても特定受託事業者に該当することはあるのでしょうか。

会社員が，いわゆる副業として企業から業務委託を受ける場合も，特定受託事業者に該当し，本法の適用があるのでしょうか。

そもそも，特定受託事業者に該当するか否かは，どの時点を基準として判断するのでしょうか。

回答・解説

1 特定受託事業者の定義

特定受託事業者とは，業務委託の相手方である事業者（商業，工業，金融業その他の事業を行う者）[1]であって，①個人であって，従業員を使用しないもの，

1 　非営利の法人や団体であっても，事業を行っていれば事業者に該当します。ただし，純粋に無償の活動のみを行っている者は「事業者」に該当しないと解されます（本QA問6）。

②法人であって，一の代表者以外に他の役員（理事，取締役，執行役，業務を執行する社員，監事もしくは監査役またはこれらに準ずる者をいう）がなく，かつ，従業員を使用しないもののいずれかに該当するものと定義されています（法2条1項）。

　本法で保護される特定受託事業者がこのように定義されたのは，本法が，従業員を使用せず1人の「個人」として業務委託を受けるフリーランスと，従業員を使用して「組織」として業務委託を行う発注事業者との間において，交渉力などに格差が生じることを踏まえて，取引の適正化等を図ることを目的としているためです[2]。

2 個人の場合

　上記のとおり，個人で業務委託を受ける者であっても，従業員を使用していると認められる場合には，特定受託事業者に該当しません。

　ここでいう「従業員を使用」するとは，①1週間の所定労働時間が20時間以上であり，かつ，②継続して31日以上雇用されることが見込まれる労働者（労働基準法9条に規定する労働者）を雇用することをいいます[3]。

　ただし，派遣法2条4号（紹介予定派遣）に規定する派遣先として，①1週間の所定労働時間が20時間以上であり，かつ，②継続して31日以上労働者派遣の役務の提供を受けることが見込まれる派遣労働者を受け入れる場合には，当該派遣労働者を雇用していないものの，「従業員を使用」に該当するとされています[4]。

　なお，事業に同居親族（居住と生計が同一の親族）のみを使用している場合

2　本QA問1
3　従業員の使用の有無は，事業ごとではなく法人格ごとに判断されます。そのため，受注する事業に関して従業員を使用していなくとも，他の事業との関係で従業員を使用しているのであれば，特定受託事業者には該当しません（本QA問10）。
4　本解釈ガイドライン第1部1(1)

には，「従業員を使用」に該当しません[5]。

　また，他のフリーランスに常時再委託するような協力関係があったとしても，当該他のフリーランスは独立した別の事業主体であり従業員とはいえないので，本法でいう「従業員を使用している」には該当しません。ただし，業務委託という体裁であったとしても，実質的に労働者であると評価される場合には，「従業員を使用している」ものに該当することになります[6]。

3 ┃ 法人の場合

　上記1の定義のとおり，法人であっても，構成員が代表者1名のみで，そのほかに役員や従業員がいない場合には，特定受託事業者に該当します。このような法人は，法人という形態であったとしても，発注事業者である組織との交渉上の格差等に鑑みれば，従業員を使用しない1人の「個人」として事業を行う者と実質的に同じであると考えられるためです。

　したがって，法人であっても特定受託事業者に該当する場合があります。

4 ┃ 副業の場合

　会社員が，いわゆる副業として企業から業務委託を受ける場合，従業員を使用することなく行うのであれば，特定受託事業者に該当します[7]。

5　同居親族は本法でいう従業員には該当しませんが，「他の役員」には該当します（本QA問18）。
6　本パブリックコメントNo.1-2-9
7　本パブリックコメントNo.1-2-5，本QA問14

5 判断の基準時

　特定受託事業者に該当するか否かは，取引ごとに発注時点で判断します[8]。

　すなわち，発注時点で，受注事業者が「特定受託事業者」に該当しない場合，その業務委託の取引に，本法は適用されません。発注の後に，受注事業者が「特定受託事業者」の要件を満たすようになった場合も同様です[9]。

　例えば，業務委託の発注時点で，従業員を使用していない個人であれば，その後に従業員を使用するに至った場合でも，当該業務委託の取引との関係では「特定受託事業者」に該当することになります。

　なお，質問からは逸れますが，「業務委託事業者」または「特定業務委託事業者」の該当性も，同じく発注時点を基準に判断されます。

8　従業員の有無を判断（確認）するにあたっては，電子メールやSNSのメッセージ機能を利用するなどして，記録が残る方法で確認することが望ましいとされています（本QA問7）。

9　本パブリックコメントNo. 1 - 2 -10〜14

Q2 フリーランスが負う義務〈フ〉

　私は，個人事業主としてウェブデザイナーをしており，本法の特定受託事業者に該当するフリーランスです。企業から委託されたデザインの業務について，一部を別のデザイナーに委託することもあります。

　本法は，私のような特定受託事業者にも，何らかの義務を課しているのでしょうか。今後の業務にあたって，留意すべき点を教えてください。

回答・解説

　本法は，フリーランスであっても，他のフリーランスに本法の対象となる業務委託を行う場合には，取引の適正化を図る観点から，以下のとおり，一定の義務や規律を設けています。

　なお，他のフリーランスへの業務委託を行わないフリーランスについては，本法に基づき何らかの義務を負うことはありません。

1 3条通知

　具体的には，フリーランスであっても，他のフリーランスとの間で本法の対象となる業務委託をすることについて合意した場合，ただちに，本法所定の事項を，書面または電磁的方法により受託者に対して明示しなければなりません。

　そのため，フリーランスとして企業から委託されたデザイン業務の一部について，他のフリーランス（特定受託事業者）に委託した場合（ここでは，委託したフリーランスを「委託者フリーランス」，受託したフリーランスを「受託者フリーランス」といいます），委託者フリーランスは，受託者フリーランスに対し，委託に係る給付の内容等や納品の期日・場所，報酬の額等を記載した書面等（3条通知）を提供する必要があります。

Q2 フリーランスが負う義務〈フ〉 **127**

　3条通知の具体的な内容や通知の方法については，第1章3(2)を参照してください。

　また，ご質問のようにデザインの業務であれば，例えば，委託者フリーランスが，受託者フリーランスによるデザインを受領・加工して，発注事業者に納品することなどもあると思います。委託者フリーランスは，受託者フリーランスから知的財産権の対象となり得る成果物を受領する場合，3条通知において，デザインに関する知的財産権の帰属や許諾内容についても明示しておくべきです。

　もちろん業務委託の目的となる使用の限度であれば，委託者・受託者ともに当然に想定している範囲ですので，3条通知において知的財産権の取決めを明確に記載しなくとも，ただちに本法に違反はしません[10]。

　しかし，事後のトラブルを避けるためには，このような暗黙の認識や合意に頼ることなく，3条通知の際に，成果物に関連する知的財産権の帰属や許諾の範囲について，委託者・受託者双方で協議して明確に取り決めておくことが望ましいでしょう。

2 ▏ 勧告等の措置

　フリーランスであっても，本法に違反した場合には，本法に基づく勧告や命令の対象となり得ます。

　すなわち，委託者フリーランスが3条通知を行わなかった場合，受託者フリーランスは，公正取引委員会や中小企業庁長官に対し，その旨を申し出て，適当な措置をとるように求めることができます（法6条1項）。

　そして，公正取引委員会は，中小企業庁長官の請求に応じて，あるいは自ら，違反行為の調査を行い，違反行為があると認めるときは，違反行為を行った業務委託事業者に対し，是正のための措置をとるように勧告することができます

10　本解釈ガイドライン第2部第1の1(3)ウ

（法8条1項）。

　そのため，3条通知の不交付について受託者フリーランスの申出があった場合，公正取引委員会は，委託者フリーランスに対し，速やかに3条通知を行うこと等を勧告することができます。

　勧告に従う法的な義務はありませんが，委託者フリーランスが勧告に正当な理由なく従わない場合，公正取引委員会は勧告に係る措置をとるべき旨の命令を行うことができます。委託者フリーランスは，命令が出た場合にはこれに従う法的な義務を負います。

3 ▎ 報復措置の禁止

　委託者フリーランスが，3条通知の不交付について勧告を受けた場合などに，受託者フリーランスを逆恨みし，「受託者フリーランスが当局に密告したために違反行為が露見した」「当局に申し出る前に発注事業者である私に一言相談すればよかったのに，非常識だ」「取引先である私の名誉を貶めるようなフリーランスとはもう付き合えない」などと考えて，従来発注していた業務の量を削減したり，発注を停止したりすると，本法に違反するので注意が必要です。

　本法6条3項は，特定受託事業者が公正取引委員会または中小企業庁長官に申出をしたことを理由として，取引の数量の削減，取引の停止その他の不利益な取扱いをしてはならないと定めています（報復措置の禁止）。これは，特定受託事業者が，業務委託事業者の報復をおそれず，公正取引委員会や中小企業庁長官に対し，業務委託事業者の本法違反行為を申告できるようにするために設けられた規定です。

　このような発注量の削減や発注の停止は，発注事業者がフリーランスであったとしても，本法により禁じられています。

Q3 業務委託の範囲〈フ・企〉

本法の適用がある「業務委託」とは，どのような取引を指すのでしょうか。

委任や請負の取引を行う場合には，本法の業務委託に該当することになるでしょうか。

会社の取締役や監査役等に就任する個人との委任契約は，本法の「業務委託」に該当するのでしょうか。

回答・解説

1 業務委託の定義

本法における「業務委託」とは，事業者がその事業のために他の事業者に次の行為を委託することをいいます（法2条3項）。

---

① 物品の製造（加工を含みます）
② 情報成果物の作成
③ 役務の提供（他の事業者を使用して自らに役務の提供をさせることを含みます）

「その事業のため」に委託するとは，当該事業者が行う事業の用に供するために委託することを意味します[11]。

また「委託する」とは，給付に係る仕様，内容等を指定して物品の製造や情報成果物の作成を依頼すること，または役務の内容等を指定して役務の提供を依頼することを指し，具体的な取引が「委託」に該当するか否かは，取引の実

---

11 純粋に無償の行為のために行う委託は，事業のためにする委託に該当しません（本QA問21）。

態に応じて判断するとされています[12]。

「情報成果物」とは，プログラム，映画，放送番組その他影像または音声その他の音響により構成されるもの（例：テレビ番組，テレビCM，ラジオ番組，映画，アニメーション），文字，図形もしくは記号もしくはこれらの結合またはこれらと色彩との結合により構成されるもの（例：設計図，ポスターデザイン，商品・容器のデザイン，コンサルティングレポート，雑誌広告，漫画，イラスト）を指します。

「役務の提供」とは，いわゆるサービス全般について労務または便益を提供することを意味しており，下請法と異なり，発注事業者が自ら用いる役務の委託（例として，弁護士，公認会計士，産業医との契約）も，本法における業務委託に含まれます。

2 ┃ 民法上の契約類型との関係

本法における業務委託の定義は上記で述べたとおりであり，この定義に当てはまる取引が，本法の適用を受けることになります。

本法の業務委託は，民法上の委任（準委任）契約または請負契約のいずれかに分類できるものが多いと思われますが，民法上の契約類型を問わず，実態として本法の業務委託の定義に該当すれば（法2条3項），本法の規制対象となります。

そのため，取引に関する書面が，「委任」や「請負」の書面という体裁でなかったとしても，あるいは「業務委託」という文言を用いていなかったとしても，その取引の実態が本法の「業務委託」に該当する場合には，本法の適用を受けることになります。

以上より，本法の適用対象の取引を画するにあたっては，委任（準委任）や請負の性質の取引を中心に，その取引の実態に照らして判断することが必要で

---

12 本解釈ガイドライン第1部1(2)ア(エ)

す[13]。

3 | 会社役員との委任関係

　株式会社の取締役，会計参与，監査役，会計監査人や，いわゆる委任型の執行役員との間の契約関係は，当該株式会社の内部関係にすぎず，これらの者は当該株式会社にとっての他の事業者とはいえないため，本法上の「業務委託」には該当しないと整理されています[14]。

13　いわゆるマッチングサービスが本法の適用を受けるか否かについては，実態に照らし，マッチング事業者が単なる仲介をしているにすぎないのか，実質的にフリーランスに業務委託を行っているに等しいのかにより判断されます。実質的な業務委託といえるかは，委託の内容への関与状況のほか，必要に応じて対価の内容や性格，債務不履行時の責任主体等を，契約および取引実態から総合的に考慮した上で判断されることになっています（本QA問29）。

14　本パブリックコメントNo. 1 - 2 -29，本QA問19

132　Ⅱ　取引適正化パート【1】

Q4　トンネル規制〈フ・企〉

　本法では，発注事業者がフリーランスである場合と企業等の組織（特定業務委託事業者）である場合とで規制が異なると聞きました。

　例えば，企業等の発注事業者が，本法の規制の適用を受けないように，フリーランスにいったん委託して，そのフリーランスから別のフリーランスに委託させるようにする場合，本法にいう特定業務委託事業者に関する規制は適用されないことになるのでしょうか。

回答・解説

　質問で想定されているケースの場合のように，形式的にはフリーランスAからフリーランスBに対する業務委託であっても，実質的に企業等の別の第三者がフリーランスBに業務委託をしているといえる場合には，その第三者がフリーランスBに対する業務委託を行った事業者であると認定されます（トンネル規制）。

　形式的な委託者（フリーランスA）以外の第三者（企業X）が，実質的に特定受託事業者（フリーランスB）に業務委託をしているといえるかという点は，①その第三者（企業X）によるAからBへの委託の内容（物品，情報成果物または役務の内容，相手方事業者の選定，報酬の額の決定等）への関与の状況，②反対給付たる金銭債権の内容および性格，③債務不履行時の責任主体などを，具体的な契約および取引実態から総合的に考慮した上で判断されます[15]。

15　本解釈ガイドライン第1部3

【図Q4−1】本法のトンネル規制

実質的にフリーランスBに業務委託しているといえるか

(考慮要素)

① 企業Xによる委託の内容(物品,情報成果物または役務の内容,相手方事業者の選定,報酬の額の決定等)への関与の状況
② 反対給付たる金銭債権の内容および性格
③ 債務不履行時の責任主体など

そのため,例えば,仮に,企業XがフリーランスAに業務を委託し,フリーランスAがその業務をそのままフリーランスBに再委託する場合であって,フリーランスAにおいて業務を受託している実態がなく,形式的に当該業務委託に介在しているのみであるような場合には,企業Xが実質的にフリーランスBに業務を委託していると認められる可能性があります。

その場合,当該発注を行った企業Xは,フリーランスBに対する業務委託との関係で「特定業務委託事業者」に該当し,フリーランスBに対し,給付の受領を受けた日(役務の提供を受けた日)から60日以内のできる限り短い期間内に報酬を支払うなど本法上の義務を負うということになります(法4条1項・5項本文)。

134　Ⅱ　取引適正化パート　【2】

【2】　契約内容の明示

Q1　3条通知の方法〈企〉

　フリーランスの方への発注はSNSを用いて行うことが多いのですが，SNS上で契約内容を明示すれば，本法に基づく給付の内容等の明示を行ったといえるでしょうか。
　SNSで契約内容の明示を行っていたとしても，フリーランス側から書面交付を要求されたら，本法に基づき必ず書面を交付する義務を負うのでしょうか。また，書面交付の義務はいつまで負うのでしょうか。

回答・解説

1 ┃ SNS等による明示

　本法の3条通知を行うにあたっては，SNSを利用することが許容されています。

　SNS以外でも，電子メールやショートメッセージなど，電子的な方法でテキストメッセージを送る方法によって，3条通知を行うことが可能です。

　SNS等を利用する場合の留意点として，本公取委規則2条1項1号は，3条通知の方式に関し，「その受信をする者を特定して情報を伝達するために用いられる電気通信」により送信することを要件としているため，そのメッセージが受信者を特定して送信できる機能（いわゆるダイレクトメッセージ）により送信されることが必要です。

　例えば，特定受託事業者がインターネット上に開設しているブログやウェブページ等への書き込み等のように，特定の個人がその入力する情報を電気通信を利用して第三者に閲覧させることに付随して，第三者が特定の個人に情報を

伝達することができる機能が提供されるものについては，「その受信をする者を特定して情報を伝達するために用いられる電気通信」により送信したとはいえないため，３条通知の要件を満たさないと解されています[1]。

このほか，SNSのダイレクトメッセージ等により３条通知を行う場合には，明示された内容を特定受託事業者が一括で確認できるようにするなど，特定受託事業者が明示された内容をわかりやすく認識できる方法によることが望ましいとされています。

〈参考〉関連条文

本公取委規則
（法第３条第１項の電磁的方法）
第２条　法第３条第１項の公正取引委員会規則で定める電磁的方法は，次に掲げる方法のいずれかとする。
　一　電子メールその他のその受信をする者を特定して情報を伝達するために用いられる電気通信（電気通信事業法（昭和59年法律第86号）第２条第１号に規定する電気通信をいう。）により送信する方法
　二　電磁的記録媒体（電磁的記録に係る記録媒体をいう。）をもって調製するファイルに前条に規定する事項を記録したものを交付する方法
２　前項各号に掲げる方法は，前条に規定する事項が文字，番号，記号その他の符号で表示される方法でなければならない。

2 書面交付に応じる義務を負う場合

業務委託事業者は，SNS等の電磁的方法により３条通知を行った場合であっても，特定受託事業者から書面の交付を求められた場合には，原則として，遅滞なく書面を交付しなくてはなりません（法３条２項本文）。

ただし，次に掲げる場合のいずれかに該当するときは，３条通知に係る書面を交付しなくとも特定受託事業者の保護に欠けることがないので，業務委託事

1　本解釈ガイドライン第２部第１の１(5)イ(ア)

業者は書面の交付をする義務を負いません。

①　特定受託事業者からの求めに応じて電磁的方法で明示した場合（本公取委規則5条2項1号）
②　定型約款によりインターネットのみを通じて締結された契約で，インターネットで定型約款を閲覧できる場合（同2号）
③　すでに書面を交付している場合（同3号）

　なお，①または②に該当する場合であっても，3条通知の明示があった後に，受託事業者の責めに帰すべき事由によらず閲覧することができなくなったときは，業務委託事業者は，特定受託事業者から書面交付を求められた場合にこれを拒むことはできません（本公取委規則5条2項柱書）。

〈参考〉関連条文

本公取委規則
（法第3条第2項の書面の交付）
第5条　（略）
2　法第3条第2項ただし書の公正取引委員会規則で定める場合は，次のいずれかに該当する場合（第1号又は第2号に該当する場合において，第2条第1項第1号に掲げる方法による明示がされた後に，特定受託事業者がその責めに帰すべき事由がないのに，第1条に規定する事項を閲覧することができなくなったときを除く。）とする。
一　特定受託事業者からの電磁的方法による提供の求めに応じて，明示をした場合
二　業務委託事業者により作成された定型約款（民法（明治29年法律第89号）第548条の2第1項に規定する定型約款をいう。）を内容とする業務委託が次のいずれにも該当する場合
　イ　インターネットのみを利用する方法により締結された契約に係るものであること。
　ロ　当該定型約款がインターネットを利用して特定受託事業者が閲覧することができる状態に置かれていること。
三　既に法第3条第1項又は第2項の規定に基づく書面の交付をしている場合

3 書面交付に応じる期間

　業務委託事業者は，電磁的方法（電子メール，ショートメッセージ，SNS等）により3条通知を行った場合，当該業務委託に係る報酬を支払うまでは，特定受託事業者からの書面交付請求に応じる義務があります。

　このほか，業務委託事業者があらかじめ共通事項を電磁的方法により明示している場合において，特定受託事業者から当該共通事項に係る書面交付請求を受けたときは，当該共通事項が有効な期間は，これに応じる必要があります[2]。

2　本解釈ガイドライン第2部第1の1(6)ウ

138　Ⅱ　取引適正化パート【2】

Q2　共通事項の定め〈企〉

　フリーランスの方と業務委託に関する取引基本契約を締結しておけば，個別の発注の際に，本法に基づく契約条件の明示を省略しても構わないでしょうか。
　フリーランスの方と取引基本契約を締結した上で，個別の業務委託について注文書を交付する場合，どのようなことに気をつけるべきでしょうか。

回答・解説

1 ┃ 3条通知の義務

　特定受託事業者（フリーランス）に対し，物品の製造の委託，情報成果物の作成の委託または役務の提供の委託について合意した場合，業務委託事業者（発注事業者）は，ただちに，所定の事項を，書面等により特定受託事業者に対し明示しなければなりません（3条通知）。
　3条通知で明示すべき事項は，以下のとおりです。

---

　① 双方当事者の商号等（本公取委規則1条1項1号）
　② 委託日（同2号）
　③ 給付の内容（同3号）
　④ 納品等の期日・期間（同4号）
　⑤ 納品等の場所（同5号）
　⑥ 検査の完了期日（同6号）
　⑦ 報酬の額および支払期日（同7号および同条3項）
　⑧ 現金以外の方法で報酬を支払う場合の明示事項（同8号から11号まで）
　⑨ 内容が定められない事項がある場合の明示事項等（同条4項および4条）
　⑩ 共通事項がある場合の明示事項等（同3条）

そのほか，3条通知で明示すべき事項の詳細については，第1章3(2)を参照してください。

2 ▏ 共通事項の定め

3条通知は，原則として業務委託の都度行う必要がありますが，共通事項を事前に書面等で示すことにより，業務委託のたびに該当事項を明示することを省くことができます。

共通事項は，取引基本契約として締結したり，自社のウェブサイト上に業務委託の共通事項として掲載したりすること等により，特定受託事業者に事前に示すことが可能です。

3 ▏ 留意点

取引基本契約において，業務委託の取引条件の共通事項を記載したとしても，共通事項以外の3条通知の明示事項については，別途書面等により明示する必要があります。つまり，個別の業務委託に関する委託日や給付の内容（役務の内容）など，業務委託の取引ごとに定める事項については，取引基本契約で取引条件の共通事項を定めているからといって，3条通知を省略することはできません。

また，共通事項を示す場合には，その有効期間を明示する必要があります。有効期間は必ずしも確定的な期間（例：○年間，○年○月○日まで）として記載する必要はなく，「取引基本契約が当事者間で改定されるまで有効とする」という定め方も許容されます。

これに加えて，個別の3条通知において，あらかじめ明示した共通事項との関連性を記載しなければなりません。例えば，注文書の末尾に，「その他の取引条件は取引基本契約書による」との旨を記載しておくことが考えられます。

なお，業務委託事業者においては，年に1回，明示済みの共通事項の内容に

140　　Ⅱ　取引適正化パート　【2】

ついて，自らその内容を確認し，または社内の購買・外注担当者に周知徹底を
図ることが望ましいとされています[3]。

〈参考〉取引基本契約がある場合の3条通知（発注書）の記載例

注文書

　　　　　　　　　　　　　　　　　　　　　　　　　○年○月○日

○○　殿

　　　　　　　　　　　　　　　　　　　　　　　　　○○株式会社

1．品名及び規格・仕様等
　　○○
2．数量
　　○○
3．納期
　　○年○月○日
4．検査完了期日
　　○年○月○日
5．報酬（消費税・地方消費税別）
　　○○円

・本注文書の金額は，消費税・地方消費税抜きの金額です。支払期日には法定税
　率による消費税及び地方消費税を加算して支払います。
・本注文書に定めのない事項は，○年○月○日付で当事者間で締結された「取引
　基本契約書」によるものとします。

3　本解釈ガイドライン第2部第1の1(3)コ

Q3 給付の内容を明示できない場合〈企〉

当社自身も他の会社（委託元）から委託を受けており，フリーランスにその業務の一部を再委託することがあります。このとき，委託元において発注内容がすべて固まっていないため，フリーランスに再委託する給付の内容を明示できない場合があるのですが，3条通知にはどのように記載すればよいでしょうか。

そもそも業務委託における給付の内容は，どの程度具体的に明示する必要があるでしょうか。

回答・解説

1 給付の内容の明示

「給付の内容」の記載は，特定受託事業者（フリーランス）が当該記載を見て，その内容を理解でき，業務委託事業者（発注事業者）の指示に即した給付の内容を作成または提供できる程度の情報を記載することが必要です。

例えば，仕様書などの形で給付の内容の詳細を記した書面を別途交付している場合には，3条通知で給付の内容に関し，「○年○月○日付○○仕様書による」というように，別途の書面でその内容が指定されていることについて付記すべきです。

給付の内容は，業務委託契約の中核的な事項となりますので，契約上の紛争の火種をつくらないという観点からも，特定受託事業者との間で十分なコミュニケーションをとり，双方の認識の離齬が生じないように留意する必要があります。

142　Ⅱ　取引適正化パート【2】

2 ｜ 明示できない場合の対応方法

(1)　委託時に定められない正当な理由

　本法の適用を受ける業務委託をした場合には，ただちに3条通知による明示を行う必要があります。その際，明示事項のうちその内容が定められないことにつき正当な理由がある事項（未定事項）がある場合には，当初の書面で当該事項について記載をせずに，事後的に補充する書面で明示することができます（法3条1項ただし書）。

　特に理由もなく，3条通知における給付の内容について，「別途発注事業者が指定する」などと記載して，その明示を先送りすることはできません。

　ここでいう「正当な理由」がある場合とは，例えば，以下のような場面が考えられます[4]。

- ・ソフトウェアの作成委託において，委託した時点では最終ユーザーが求める仕様が確定しておらず，特定受託事業者に対する正確な委託内容を決定することができないため，「給付の内容」，「納品等の期日」および「報酬の額および支払期日」が定まっていない場合
- ・広告制作物の作成委託において，委託した時点では制作物の具体的内容が決定できない等のため，「給付の内容」や「報酬の額」が定まっていない場合
- ・過去に前例のない試作品等の製造委託であるため，委託した時点では，「給付の内容」または「報酬の額」が定まっていない場合
- ・放送番組の作成委託において，タイトル，放送時間，コンセプトについては決まっているが，委託した時点では，放送番組の具体的な内容については決定できず，「報酬の額」が定まっていない場合

　質問のケースでは，委託元において発注内容がすべて固まっていないため，

4　下請法運用基準第3の2(2)

Q3　給付の内容を明示できない場合〈企〉　**143**

フリーランスに再委託する給付の内容を明示できないとのことですので，以上に挙げた例と同様に，委託時にただちに明示できないことについて正当な理由があると考えられます。

(2)　3条通知の記載の仕方

未定事項がある場合には，3条通知において，未定事項以外の事項のほか，①未定事項の内容が定められない理由，②未定事項の内容を定めることとなる予定期日を当初の明示として明示する必要があります（本公取委規則1条4項）。

その後，業務委託事業者は，当該未定事項について，特定受託事業者と十分な協議をした上で，速やかに定めなくてはならず，定めた後はただちに，当該未定事項について特定受託事業者に補充の明示を行わなければなりません[5]。

補充の明示（補充書面）は，当初の明示（当初書面）との関連性を確認することができるようにする必要があります。関連性を示すにあたっては，当初書面を交付日付により特定して引用したり，当初書面と補充書面の注文番号を同じとしたりすることが考えられます。補充書面は，当初書面の内容を補充する趣旨であることがわかる記載があればよく，書式・内容を問いません[6]。

当初書面や補充書面の参考書式については，第1章3(2)⑨を参照してください。

質問のケースにおいては，特定受託事業者と十分な協議の上で，委託元の発注内容が固まり次第，給付の内容を明示する補充書面を提示すべきです。

5　本解釈ガイドライン第2部第1の1(3)ケ
6　前掲第1章脚注27　記載例　書式例3「(2)補充書面の記載例」脚注

144　Ⅱ　取引適正化パート【2】

Q4　変動型の報酬の明示等〈企〉

　フリーランスに製造業務の委託を行うにあたり，製造に要する原材料のコストに連動した報酬を定めたいと思います。原材料費が市況によって変わるため，契約の際に報酬金額を明示することが難しいのですが，どうすればよいでしょうか。
　また，経費や消費税についても，3条通知において具体的に明示しなければならないのでしょうか。

回答・解説

1 ┃ 変動型の報酬の明示

　3条通知により明示する「報酬の額」は，特定受託事業者の給付に対し支払うべき代金の額をいい，3条通知には具体的な金額を明確に記載することが原則です。

　ただし，具体的な金額を明示することが困難なやむを得ない事情がある場合には，例外として，報酬の具体的な金額を定めることとなる算定方法を明示することも認められます。

　報酬の額を算定方法によって明示する場合には，報酬の額の算定根拠となる事項が確定すれば，具体的な金額が自動的に確定するものでなければなりません。

　具体的な金額の明示をすることが困難なやむを得ない事情があり，報酬の額を算定方法により明示することが認められる場合の例は，以下のような場合です[7]。

7　本解釈ガイドライン第2部第1の1(3)キ(ア)

① 原材料費等が外的な要因により変動し，これらに連動して報酬の額が変動する場合
② プログラム作成委託において，プログラム作成に従事した技術者の技術水準によってあらかじめ定められている時間単価および実際の作業時間に応じて報酬が支払われる場合
③ 一定期間を定めた役務提供であって，当該期間における提供する役務の種類および量に応じて報酬の額が支払われる場合（ただし，提供する役務の種類および量当たりの単価があらかじめ定められている場合に限る）

　質問のケースでは，報酬を原材料のコストに連動した形で定める場合で，原材料のコストが市況によって変動するということなので，上記の例示①にあるとおり，具体的な金額を明示することが困難なやむを得ない事情があり，報酬の額を算定方法により明示できる場合に当たると考えられます。

　そのため，3条通知では，報酬の額の基準となる原材料を示した上で，そのコストが確定したら自動的に明確に報酬の額が算定できるような方法で，報酬の額の算定方法を明示する必要があります。例えば，当該原材料の費用のみを変数として，一定の算定式により報酬の額を明示することが考えられます。

　なお，この場合でも，報酬の具体的な金額を確定した後には，速やかに特定受託事業者に当該金額を明示する必要がありますので，最終的な金額の明示を忘れないようにしてください。

2 経費に関する明示

　業務委託に要する経費の負担に関し，業務委託事業者（発注事業者）は，本法に基づき明示する義務はありません。

　ただし，特定受託事業者（フリーランス）が業務委託に係る業務の遂行に要する経費（例えば材料費，交通費，通信費等）を負担し，発注事業者が，その経費を報酬の額の一部として支払うこととした場合，当該経費の金額を含めた総額を把握できるように，フリーランスに報酬の額を明示する必要がありま

す[8]。

　３条通知の時点で，支払の対象となる経費の発生の有無やその金額が確定しておらず，報酬の総額として具体的な金額を明示することができない場合，発注事業者は，算定方法によって明示するか，確定し次第，書面等により補充することになります。

　フリーランスが負担する経費の精算について，３条通知やその他契約書類に特段の明示がない場合，通常であれば，発注事業者は，３条通知に記載の「報酬の額」のみを支払う旨を約したものと解されます。この場合，フリーランスは発注事業者に対し，別途経費の精算を求められないことになります。

　そのため，フリーランスからすると，委託された業務に関し自らが負担する経費について，提示された報酬の額とは別に発注事業者に精算を求めたい場合，業務委託の合意の際に，その点について発注事業者と協議し，契約書等において明示的に精算の取決めを記載しておくべきです。

3 ┃ 消費税等の明示

　報酬の額の明示にあたっては，本体価格だけでなく，消費税・地方消費税の額も明示することが望ましいとされています。

　他方で，消費税・地方消費税の額は，本体価格に法定税率を乗じることでフリーランスが容易に把握できるため，その金額を明示する法的な義務はありません。具体的な消費税等の金額の記載に代えて，３条通知に，「法定税率による消費税・地方消費税を加算して支払う」旨の表示をすることでも足ります。

　また，いわゆる内税方式として消費税・地方消費税込みの報酬の額を明示する場合には，本体価格としての報酬の額をフリーランスが明確に把握できるように，その旨を３条通知に明確に記載する必要があります。

8　本解釈ガイドライン第２部第１の１(3)キ(ウ)，本検討会報告書第２の４(1)

147

Q5　知的財産に関する取決め〈フ〉

　フリーランスのプログラマーです。発注事業者に対し，業務委託契約において，納品する情報成果物（プログラム）に係る著作権の取扱いについて明確に定めてほしいと要請しましたが，委託者は「必要ない」と取り合ってくれません。本法に基づいて明示する義務はないのでしょうか。

　また，他の発注事業者からは，「特定受託事業者は，成果物に関する知的財産権の一切を業務委託事業者に帰属させる」「特定受託事業者は，業務委託事業者または業務委託事業者が指定する者に著作者人格権の行使を一切行わない」旨の条項を含む契約を締結するように要請されています。このような条項は，本法に照らし，違法であるとはいえないでしょうか。

回答・解説

1　知的財産権に関する明示義務

　業務委託事業者は，本法に基づき，業務委託により生じる知的財産権の取扱いを常に明示する義務を負うものではありません。

　委託業務について生じた知的財産権の取扱いが，業務委託に係る「給付の内容」を構成するといえる場合に限り，業務委託事業者はその内容を3条通知で明示する義務を負います。

　知的財産権の取扱いが「給付の内容」を構成する場合とは，委託に係る業務の遂行過程を通じて，給付に関し，特定受託事業者（フリーランス）の知的財産権が発生する場合において，業務委託事業者が特定受託事業者に対し，目的物を給付させる（役務の提供委託については，役務を提供させる）とともに，業務委託の目的たる使用の範囲を超えて知的財産権を自らに譲渡・許諾させる

場合のことを指します。

この場合，業務委託事業者は，３条通知の「給付の内容」の一部として，当該知的財産権の譲渡・許諾の範囲を明示する必要があります。

質問のケースでは，知的財産権（著作権）に関する取決めについて，発注事業者が特段明示することはないと考えているようです。そうすると，当該業務委託契約において，発注事業者は，納品されるプログラムに係る著作権について，業務委託の目的たる使用の範囲を超えて利用するつもりはない，つまり，その範囲を超えて当該著作権の譲渡や許諾を求めるものではないと考えているのかもしれません。

そうであれば，業務委託事業者が業務委託契約（３条通知）において著作権の取扱いについて明示しなくとも，本法の違反とはなりません。

2 ┃ 知的財産権の取扱い

業務委託事業者が，特定受託事業者（フリーランス）の知的財産権を自らに譲渡・許諾させることを含めて業務委託を行う場合には，当該知的財産権の譲渡・許諾に係る対価を報酬に加える必要があります[9]。

そのため，質問の後半のケースのように，業務委託事業者が成果物（給付）に関して広範に知的財産権の譲渡等を要求する場合には，そのことを前提とした適正な報酬となるように，当事者間で十分に協議をする必要があります。

フリーランスとしては，発注事業者に対し，具体的に移転される知的財産権の内容の明示を求めるとともに，その内容に応じた対価が設定されているといえるのかという点について，合理的な説明を求めることが考えられます。

仮に，合理的な説明や十分な協議を経ずに該当の条項を一方的に押し付けられてしまい，結果として，実質的に特定受託事業者（フリーランス）の知的財産権を業務委託の目的たる使用の範囲を超えて無償で譲渡・許諾させられた場

---

9 本解釈ガイドライン第２部第１の１(3)キ(イ)

合には，不当な経済上の利益の提供要請（法5条2項1号）として本法の違反となります[10]。

10　本解釈ガイドライン第2部第2の2(2)カ(ウ)

150　Ⅱ　取引適正化パート　【3】

【3】　報酬の支払

Q1　報酬の支払期限〈企〉

特定受託事業者（フリーランス）に対する報酬の支払期日について，どのようなことに留意すべきでしょうか。

当社の取引基本契約では，本来の支払期日が金融機関の休業日である場合，金融機関の翌営業日に支払う旨の定めがあります。このような定めを適用することにより，本法に違反することはないでしょうか。

回答・解説

1 ｜ 報酬の支払期日の原則

企業等の組織が発注事業者である場合，「特定業務委託事業者」に該当しますので，特定受託事業者（フリーランス）に業務委託をした場合には，支払期日は原則として次のとおりとなります（法4条1項・2項）。

① 給付を受領した日（役務の提供委託の場合には，役務の提供を受けた日。以下同じです）から起算して60日以内に支払期日を定めたときは，その定められた支払期日
② 支払期日を定めなかったときは，給付を受領した日
③ 給付を受領した日から起算して60日を超えて支払期日を定めたときは，給付を受領した日から起算して60日を経過する日の前日

なお，特定業務委託事業者が，特定受託事業者に再委託をした場合には，特定業務委託事業者は，元委託支払期日から起算して30日以内（元委託支払期日を算入する）のできる限り短い期間内で，報酬の支払期日を定めることができ

ます（法4条3項）。

2 継続的な役務の提供委託に関する例外

役務の提供に一定の日数を要する場合には，一連の役務の提供が終了した日が役務の提供を受けた日となります。

ただし，個々の役務が連続して提供される役務であって，次の①から③までのすべての要件を満たす場合には，月単位で設定された締切対象期間の末日（個々の役務が連続して提供される期間が1か月未満の役務の提供委託の場合には，当該期間の末日）に当該役務が提供されたものとして取り扱い，当該日から起算して60日（2か月）以内に報酬を支払うことが認められます[1]。

---

① 報酬の支払は，特定受託事業者と協議の上，月単位で設定される締切対象期間の末日までに提供した役務に対して行われることがあらかじめ合意され，その旨が3条通知に明確に記載されていること
② 3条通知に，当該期間の報酬の額または報酬の具体的な金額を定めることとなる算定方式（役務の種類・量当たりの単価があらかじめ定められている場合に限る）が明確に記載されていること
③ 特定受託事業者が連続して提供する役務が同種のものであること

---

3 金融機関の休業日の場合

報酬の支払期日が金融機関の休業日に当たり，支払を順延する場合，次のすべての要件を満たす場合には，給付を受領した日から60日（再委託の規定（法4条3項）による場合は30日）を超えて報酬が支払われても，本法との関係で問題とはならないとされています[2]。

1　本解釈ガイドライン第2部第2の1(1)ウ
2　本解釈ガイドライン第2部第2の1(5)

①	順延する期間が２日以内であること
②	特定業務委託事業者と特定受託事業者との間で，支払日を金融機関の翌営業日に順延することについて，事前に書面等で合意していること

　なお，順延後の支払期日が給付を受領した日から起算して60日（再委託の規定（法４条３項）による場合は30日）以内である場合には，特定受託事業者との間で事前に順延について書面等で合意していれば，金融機関の休業日による順延期間が２日を超えても問題とはなりません。

　したがって，質問にあるような「本来の支払期日が金融機関の休業日である場合，金融機関の翌営業日に支払う旨の定め」は，本法との関係で常に問題となるわけではありません。報酬の支払期日が連休によって３日以上順延される場合であって，結果として給付の受領した日から起算して60日を超えて報酬を支払うこととなった場合には，本法に違反することになりますので，ご注意ください。

153

Q2 報酬の支払手段〈企〉

特定受託事業者（フリーランス）に対する報酬の支払は，現金以外で行ってもよいのでしょうか。

デジタル払いで報酬を支払う場合に，留意すべき点はあるでしょうか。

回答・解説

1 報酬の支払手段

特定受託事業者（フリーランス）に対する報酬の支払は，できる限り現金（金融機関口座へ振り込む方法を含みます）によるものとされています[3]。

本法は，現金以外の支払方法を許容していないわけではありませんが，報酬を現金以外の方法で支払う場合には，当該支払方法が，特定受託事業者が報酬を容易に現金化することが可能であるなど，特定受託事業者の利益が害されない方法でなければなりません。

2 デジタル払いの留意点

現金以外の方法で報酬を支払う場合には，3条通知において，支払方法ごとに所定の事項を明示しなければなりません。

具体的には，報酬の全部または一部をデジタル払いにより支払う場合，業務委託事業者は，その資金移動業者の名称および資金移動に係る金額について，3条通知で明示する必要があります。

なお，報酬の支払方法の一部に現金以外のいずれかの支払方法を用いる場合

---

3 本解釈ガイドライン第1部5

154 Ⅱ　取引適正化パート　【3】

には，当該支払方法により支払う額の明示にあたって，その額を記載する方法
のほか，報酬の総額のうち当該支払方法により支払う額の占める比率を記載す
ることができるとされています[4]。

〈参考〉関連条文

本公取委規則
（法第3条第1項の明示）
第1条　業務委託事業者は，特定受託事業者に係る取引の適正化等に関する法律
　　（以下「法」という。）第3条第1項に規定する明示（以下単に「明示」とい
　　う。）をするときは，次に掲げる事項を記載した書面の交付又は当該事項の電
　　磁的方法による提供により，示さなければならない。
　　（略）
十一　報酬の全部又は一部の支払につき，業務委託事業者が，資金決済に関す
　　　る法律（平成21年法律第59号）第36条の2第1項に規定する第一種資金移
　　　動業を営む同法第2条第3項に規定する資金移動業者（以下単に「資金移
　　　動業者」という。）の第一種資金移動業に係る口座，同法第36条の2第2
　　　項に規定する第二種資金移動業を営む資金移動業者の第二種資金移動業に
　　　係る口座又は同条第3項に規定する第三種資金移動業を営む資金移動業者
　　　の第三種資金移動業に係る口座への資金移動を行う場合は，次に掲げる事
　　　項
　　イ　当該資金移動業者の名称
　　ロ　当該資金移動に係る額

4　本解釈ガイドライン第2部第1の1(3)ク

Q3 フリーランスの過誤による支払遅延〈企〉

　フリーランスが誤った口座番号を当社に伝えていたため，業務委託の報酬を支払期日までに支払うことができませんでした。

　このような場合，当社は，本法の違反となるのでしょうか。

　また，支払期日を過ぎてから，フリーランスが当社に正しい口座番号を通知した場合，ただちに報酬を支払わないと当社は本法に違反するでしょうか。

回答・解説

　本法に基づく義務として，特定業務委託事業者（企業等の発注事業者）は，支払期日までに特定受託事業者（フリーランス）に報酬を支払わなければなりません（法4条5項本文）。

　ただし，特定受託事業者（フリーランス）の責めに帰すべき事由により，本法に基づく所定の支払期日までに報酬を支払うことができなかったときに，そのことをもって本法に違反するわけではありません。

　このような場合，特定業務委託事業者は，当該事由が消滅した日から起算して60日（再委託の規定（法4条3項）による場合は30日）以内に報酬を支払う必要があります（法4条5項ただし書）[5]。

　「特定受託事業者の責めに帰すべき事由により支払うことができなかったとき」とは，例えば，特定受託事業者が誤った口座番号を特定業務委託事業者に伝えていたため，特定業務委託事業者は，支払期日までに報酬について払込みを実施していたにもかかわらず，支払期日までに特定受託事業者が実際に報酬を受け取ることができなかったときが該当します[6]。

5　本解釈ガイドライン第2部第2の1(3)
6　単に特定受託事業者が請求書を発行しなかったとの一事をもって「特定受託事業者の責めに帰すべき事由により支払うことができなかったとき」には該当しないと解されています（本QA問57）。

そして，当該事由が消滅した日とは，例えば，特定受託事業者が特定業務委託事業者に対し正しい口座番号を伝えた日など，特定業務委託事業者が報酬を支払うことができなかった客観的事情が消滅した日を指します。

以上より，フリーランスが誤って口座番号を伝えたために報酬を支払期日に支払えなかったとしても，ただちに本法4条5項に違反するわけではありません。

特定業務委託事業者は，フリーランスから正しい口座番号の通知を受けた日から起算して60日（再委託の規定（法4条3項）による場合は30日）以内に報酬を支払えばよいということになります。

157

Q4 再委託の報酬の支払期日等〈企〉

当社が受託した情報成果物の作成業務の一部をフリーランスに再委託しました。

元委託者の報酬の支払日が納品から75日後に設定されていますが，当社は元委託者から報酬の支払を受ける前に，再委託先のフリーランスに報酬を支払わなければならないのでしょうか。

また，元委託者から預かっている前払金については，再委託先のフリーランスから納品があるまで，当社が預かっておいてもよいでしょうか。

回答・解説

1 再委託の場合の報酬の支払期日

本法によると，特定業務委託事業者（企業等の発注事業者）が特定受託事業者（フリーランス）に業務委託を行った場合，その報酬は，給付をした日（役務の提供委託の場合には役務の提供を受けた日）から60日以内のできる限り短い期間内に支払わなければなりません（法4条1項，3項本文）。

ただ，このルールには再委託の場合の例外が設けられています。

再委託の場合には，特定業務委託事業者が，3条通知において次の事項を明示したときに限り，特定受託事業者への報酬の支払期日を，元委託支払期日から起算して30日以内（元委託支払期日を算入する）のできる限り短い期間内において定めることができるとされています（法4条3項）。

① 再委託であること（本公取委規則6条1号）
② 元委託者の商号，氏名もしくは名称または事業者別に付された番号，記号その他の符号であって元委託者を識別できるもの（同2号）

158　Ⅱ　取引適正化パート【3】

③　元委託業務の対価の支払期日（同3号）

　なお，再委託であるにもかかわらず①～③について明示していない場合は，原則どおり，給付をした日から60日以内に支払うこととなります[7]。

　①～③を示したものの，支払期日を明示していない場合には元委託支払期日が，支払期日が元委託支払期日から起算して30日を経過する日が明示されていた場合には，当該30日を経過する日が支払期日と定められたものとみなされます（法4条4項）。

　このように再委託の場合に報酬の支払期日に関する特則が設けられたのは，一律に60日ルールを適用することで，再委託を行う特定業務委託事業者の資金繰り悪化や特定受託事業者への発注控えが生ずることを防止するためです[8]。

2 ┃ 前払金に関する配慮

　上記1の再委託の場合の報酬期日の例外が適用される場合において，特定業務委託事業者が，元委託者から前払金の支払を受けたとき，再委託先である特定受託事業者に対して，資材の調達その他の業務委託に係る業務の着手に必要な費用を前払金として支払うよう適切な配慮をしなければならないとされています（法4条6項）。

　ここでいう「前払金」とは，業務委託の報酬の支払期日より前に支払われる金銭のうち，当該業務の遂行に要し，または要した費用の全部または一部として支払われるものをいい，名目は問わないものとされています。

7　本解釈ガイドライン第2部第2の1⑵イ柱書において，「①～③を明示していない場合には，給付を受領した日から起算して60日を経過する日が支払期日と定められたものとみなされる」旨の記載がありますが，前提として再委託の報酬期日として給付の受領日から60日を超えて報酬期日を定めた場合を念頭においているものと思われます。仮に，特定業務委託事業者が①～③について明示することなく，かつ，3条通知において給付を受領した日から60日以内の報酬期日を定めていた場合には，原則に戻って，当然にその報酬期日が適用されるものと考えられます。

8　本解釈ガイドライン第2部第2の1⑵イ⑺

そして，特定業務委託事業者に求められる「適切な配慮」とは，特定受託事業者が再委託を受けた業務の着手に必要な費用の範囲で，前払金を支払うように配慮するということです[9]。

例えば，業務委託に係る業務の着手にあたって，特定業務委託事業者自身は費用を要せず，再委託先である特定受託事業者のみが費用を要する場合には，通常，特定業務委託事業者が元委託者から受けた前払金を保持しておく合理的な理由がありませんので，特定受託事業者に対し，元委託者から支払を受けた前払金の全部を支払うことが望ましいと考えられています。

これに対し，特定業務委託事業者自身も，業務委託に係る業務の着手にあたって相当の費用を負担する場合，特定受託事業者が要する費用の額等を踏まえ，特定受託事業者に過度な負担を課すこととならないように特定受託事業者との間で十分に協議して前払金の支払額を定めるといった配慮が必要になります。具体的には，例えば，要すると見込まれる費用の金額により前払金を按分して，特定受託事業者に前払金の一部を渡すことなどが考えられます。

そのため，質問のケースを検討するにあたっては，まず，特定業務委託事業者と特定受託事業者がそれぞれ着手にあたってどの程度費用を負担するかという点を確認する必要があります。その上で，特定受託事業者のみに費用の先払いに係る過度な負担を強いることがないよう，適切と思われる金額の前払金を渡すべきであるといえます。

9　本解釈ガイドライン第2部第2の1⑷エ㋐

160　Ⅱ　取引適正化パート　【4】

【4】　禁止行為

Q1　禁止行為の対象となる取引〈フ〉

　企業がフリーランスに業務委託をする場合には，本法に基づき受領拒否や買いたたきなどの行為が常に禁止されるのでしょうか。

　作成の依頼を受けた情報成果物の受領について，発注事業者である企業が正当な理由なく拒んでおり，本法の禁止行為である受領拒否に当たるのではないかと思うのですが，そもそもこの業務委託の取引が本法の適用を受けるのかどうかがわかりません。

　本法で禁止行為の対象となる業務委託はどのようなものか，教えてください。

回答・解説

1　業務委託の内容

　本法の適用がある業務委託とは，①物品の製造，②情報成果物の作成，③役務の提供の委託です。

　委託とは，給付に係る仕様，内容等を指定して物品の製造や情報成果物の作成を依頼すること，または役務の内容等を指定して役務の提供を依頼することを指します。

　今回は情報成果物の作成の依頼を受けたということですので，その仕様や内容等を指定して作成するように依頼されたのであれば，②情報成果物の作成の委託として，本法の適用がある業務委託であるといえると思います。

　業務委託の定義や内容については，第2章Ⅱ【1】Q3も参照してください。

2 業務委託の期間

本法は，発注事業者である企業との業務委託の期間が一定以上である場合に限り，発注事業者である企業等に対し，取引適正化の観点から一定の行為を禁止しています（法5条）。

企業等の組織とフリーランスとの間で一定の期間にわたる継続的な取引関係があると，一定の経済的依存・従属関係が生じ，これを背景として不適正な取引行為が行われる可能性があるためです[1]。

具体的には，フリーランス（特定受託事業者）への業務委託の期間が1か月以上である場合に限って，本法5条に定める行為が禁止されます。

そのため，発注事業者から受領拒否などの不当な要求を受けた場合，まずその業務委託の取引に関する期間が1か月以上であるか否か，つまり本法に基づく禁止行為の規制があるか否かを確認する必要があります。

期間を確認するにあたっては，その業務委託の取引に関して発注事業者から示されている3条通知（取引条件の記載された書面や電子メッセージ等）に記載の「委託日」と「納入期日」を確認してみてください。委託日から納入期日までの期間が1か月以上であれば，業務委託の期間が1か月以上といえます。

例えば，委託日が「2024年11月1日」で，納入期日が「2024年11月30日」とされている場合，期間の始期は2024年の11月1日，終期は同年11月30日となります。この期間の算定にあたっては始期である初日を算入しますので，業務委託の期間はちょうど1か月ということになります。

そうすると，1か月以上の業務委託であるといえますので，当該業務委託の取引について，本法の禁止行為（受領拒否など）に係る規制の適用があるということになります。

なお，「委託日」から「納入期日」までの期間が1か月に満たない場合でも，

1　本パブリックコメントNo.2-3-28

１か月以上の基本契約が締結されている場合や，同じ発注事業者からの過去の同種の業務委託の終了から１か月も経たないうちに再び発注があった場合などには，やはり１か月以上の業務委託であるといえる可能性があります。

期間の算定に関する詳細は，第２章ⅠのＱ１を参照してください。

Q2　任意解除〈企〉

　　当社の取引基本契約のひな形では，発注後でも，発注事業者である当社の都合により，１か月前に予告することにより，いつでも契約を解除できると定めています。取引基本契約は，締結から１年間が有効期間です。

　　この解除条項に基づき，フリーランスとの業務委託契約を解除することは，本法の違反となるでしょうか。

回答・解説

　特定業務委託事業者が，１か月以上の取引基本契約を締結して継続的に業務委託を行っている場合，フリーランスとの業務委託の取引に関し，本法５条に基づき一定の行為が禁止されます（第２章Ⅱ【４】Ｑ１参照）。

　そして，特定業務委託事業者が，特定受託事業者の責めに帰すべき事由がないにもかかわらず，一方的な都合により業務委託の取引を解除することは，本法５条２項２号に定める「給付の内容の変更」に該当し，本法に違反する可能性があります。

　すなわち，ここでいう「給付の内容の変更」とは，特定業務委託事業者が，給付の受領前に，特定受託事業者に，３条通知に記載された給付の内容を変更し，当初の委託内容とは異なる作業を行わせることを指します。業務委託を取り消すこと（契約の解除）も，給付内容の変更に該当すると解されます[2]。

　そして，本法５条２項は，給付内容の変更ややり直しによって，「特定受託事業者の利益を不当に害してはならない」と定めているところ，特定受託事業者がそれまでに行った作業が無駄になったり，追加的な作業が必要となったりした場合に，特定業務委託事業者がその費用を負担しないことは，特定受託事業者の利益を不当に害することに該当します。

2　本解釈ガイドライン第２部第２の２(2)キ(ア)

そのため，一定の予告期間をおいて発注事業者が一方的に解除した場合，それが契約に基づくものであったとしても，すでに特定受託事業者が行った作業に対する支払をせず，当該作業に対応する不利益を特定受託事業者が被る場合には，本法5条2項2号に違反します。

以上より，質問にある解除条項に基づきフリーランスとの業務委託契約を解除することは，これによりフリーランスが不利益を被る場合には，本法の違反となります。

取引の性質上，一方的な中途解約の条項を定める必要がある場合には，特定受託事業者に生じる損失を補償する趣旨の規定（以下のひな形の第2項）をあわせて定めておくべきといえます。

〈参考〉契約条文のひな形（抜粋）

第○条（中途解約）
1　発注事業者は，1か月前に受注事業者に通知することにより，いつでも本契約を解除することができる。
2　前項の場合において，受注事業者が通知を受領する前に実施した業務があるときは，発注事業者は，受注事業者と協議の上で，当該業務に対応する受注事業者が支出した費用や工数等に鑑みて相当の対価を支払う。

Q3 報酬の減額 〈企〉

　フリーランスに1年間の基本契約を締結して継続的に業務委託を行っている企業です。

　フリーランスから納品された情報成果物（プログラム）について，当社が提示した仕様に合致しないとみられる欠陥が多くあったため，当社において必要な手直しを行いました。

　手直しに要した費用を差し引いてフリーランスに報酬を支払いたいと思いますが，本法との関係で問題ないでしょうか。

回答・解説

1 │ 検討すべき論点

　1年間の基本契約を締結して継続的に業務委託を行っているとのことですので，フリーランスとの業務委託の取引に関し，本法5条に基づき一定の行為が禁止されます（第2章Ⅱ【4】Q1参照）。

　そして，納品された情報成果物の手直しに要した費用を差し引いて報酬を支払うことを考えているということですので，本法で禁止される行為のうち，「報酬の減額」（法5条1項2号）に該当しないかという点について検討すべきです。

2 │ 報酬の減額に該当しない場合

　形式的には，いったん定めた報酬の額を減じる場合であっても，以下のような場合に限り，本法5条において禁止される「報酬の減額」には該当しないと解されています[3]。

166 Ⅱ　取引適正化パート【4】

---

① 特定受託事業者の責めに帰すべき事由（委託内容と適合しないこと，納期遅れ等）があるとして，受領拒否または返品することが本法違反とならない場合に，受領拒否または返品をして，その給付に係る報酬の額を減ずるとき
② 特定受託事業者の責めに帰すべき事由があるとして，受領拒否または返品することが本法違反とならない場合であって，受領拒否または返品をせずに，特定業務委託事業者自ら手直しをした場合（役務の提供を委託した場合にあっては，役務の提供を受けた後に自ら手直しをしたとき）に，手直しに要した費用等客観的に相当と認められる額を報酬の額から減ずるとき
③ 特定受託事業者の責めに帰すべき事由があるとして，受領拒否または返品することが本法違反とならない場合であって，受領拒否または返品をせずに，委託内容と適合しないこと等または納期遅れによる商品価値の低下が明らかな場合に，客観的に相当と認められる額を報酬の額から減ずるとき

　質問のケースは，上記②のケースに近いと思います。

　そこで，次に，質問のケースにおいて，「すでに納品を受けた情報成果物について返品が認められるのか」という点を検討する必要があります。返品が認められない場合であれば，手直しに要した費用を報酬の額から減じることは認められません。

　返品可否を検討するにあたっては，まず，納品された情報成果物に契約不適合があるといえるのかという点について，3条通知に記載された具体的な給付の内容に照らして，よく確認する必要があります。

　また，実際に契約との不適合があり，それが特定受託事業者の責めに帰すべきものであるといえる場合であっても，納品された後にただちに検査すれば判明したといえる不適合を理由とする返品は認められません[4]。そのため，納品の時期および不適合が判明した時期に加え，その不適合が検査によってただちには判明しないものであったのかという点も確認する必要があります。

　仮に，検査によってただちに発見することができない契約不適合がある場合

3　本解釈ガイドライン第2部第2の2⑵イ㈎
4　本解釈ガイドライン第2部第2の2⑵ウ㈑

には，給付の受領後6か月以内[5]であれば返品することが認められます[6]。

3 減じることができる金額

上記2②のとおり，報酬の額から手直し費用を減じることが認められる場合であっても，過大な費用を報酬から差し引くことはできません。

あくまで減じることができるのは，手直しに要した実費等の客観的に相当と認められる額に限られます。

そのため，手直し費用を報酬から差し引いて支払う場合には，その費用が客観的に相当な金額といえるものであるか，検討しておくことが必要です。

5　例外として，特定受託事業者の給付を使用した特定業務委託事業者の商品について，一般消費者に6か月を超えて保証期間を定めている場合には，その保証期間に応じて最長1年以内であれば返品することが認められます。
6　本解釈ガイドライン第2部第2の2(2)ウ(イ)

Q4　買いたたき〈フ〉

　大量発注を前提に製造委託の見積り依頼を受けたので，ボリュームディスカウントを前提とする比較的安い単価で見積りを出しました。委託者からは，結果として少量しか委託されないことになりましたが，単価は見積りどおりとすることを要求されています。なお，業務委託の期間は1年の予定です。

　本法により禁止されている「買いたたき」に該当しないでしょうか。

回答・解説

1 ┃ 買いたたきの定義

　本法5条1項4号で禁止されている買いたたきとは，特定受託事業者の給付の内容と同種または類似の内容の給付に対し「通常支払われる対価」に比して，著しく低い報酬の額を不当に定めることをいいます。

　ここでいう「通常支払われる対価」とは，特定受託事業者の給付と同種または類似の給付について当該特定受託事業者の属する取引地域において一般に支払われる対価を指します。

2 ┃ 従前の報酬の額との比較

　「通常支払われる対価」の一般的な相場の把握が困難であるものについては，例えば，当該給付が従前の給付と同種または類似のものである場合，次に掲げる報酬の額が「通常支払われる対価」に比して著しく低い報酬の額に当たるとされています[7]。

①	従前の給付に係る単価で計算された対価に比し著しく低い報酬の額
②	当該給付に係る主なコスト（労務費，原材料価格，エネルギーコスト等）の著しい上昇を，例えば，最低賃金の上昇率，春季労使交渉の妥結額やその上昇率などの経済の実態が反映されていると考えられる公表資料から把握することができる場合において，据え置かれた報酬の額

3 ┃ 買いたたきに該当するおそれがある行為

　本解釈ガイドライン第2部第2の2(2)エ(ウ)には，買いたたきに該当するおそれのある行為として，次の行為が挙げられています。

①	継続的な委託を行い大量の発注をすることを前提として特定受託事業者に単価の見積りをさせ，その見積価格の単価を短期で少量の委託しかしない場合の単価として報酬の額を定めること
②	特定受託事業者に見積りをさせた段階より給付または提供すべき役務が増えたのにもかかわらず，報酬の額の見直しをせず，当初の見積価格を報酬の額として定めること
③	一律に一定比率で単価を引き下げて報酬の額を定めること
④	特定業務委託事業者の予算単価のみを基準として，一方的に通常支払われる対価より低い単価で報酬の額を定めること
⑤	短納期発注を行う場合に，特定受託事業者に発生する費用増を考慮せずに通常支払われる対価より低い報酬の額を定めること
⑥	合理的な理由がないにもかかわらず，特定の特定受託事業者を差別して取り扱い，他の特定受託事業者より低い報酬の額を定めること
⑦	同種の給付について，特定の地域または顧客向けであることを理由に，通常支払われる対価より低い単価で報酬の額を定めること
⑧	情報成果物の作成委託において給付の内容に知的財産権が含まれている場合に，当該知的財産権の対価について，特定受託事業者と協議することなく，一方的に通常支払われる対価より低い額を定めること
⑨	労務費，原材料価格，エネルギーコスト等のコスト上昇分の取引価格への反映の必要性について，価格の交渉の場において明示的に協議することなく，従来どおりに報酬を据え置くこと

7　本解釈ガイドライン第2部第2の2(2)エ(ア)

⑩ 労務費，原材料価格，エネルギーコスト等のコストが上昇したため，特定受託事業者が報酬の引上げを求めたにもかかわらず，価格転嫁をしない理由を書面，電子メール等で特定受託事業者に回答することなく，従来どおりに報酬を据え置くこと

⑪ 委託内容に対応するため，特定受託事業者における品質改良等に伴う費用が増加したにもかかわらず，一方的に通常支払われる対価より低い価格で報酬の額を定めること[8]

4 | 具体的な検討

　質問のケースは，少量の注文であるにもかかわらず，ボリュームディスカウントを前提とした安い見積り単価で受託することを要求されているとのことですので，上記3①の例示とほぼ同様であるといえます。

　そのため，そのような場合には，本法により禁止される買いたたきに該当すると考えられます。

8　本文に挙げたもののほか，特定受託事業者から，業務遂行に必要とされる経費を考慮した上で報酬を定めるように求められたにもかかわらず，特定受託事業者と十分な協議をすることなく一方的に通常支払われる対価を大幅に下回る報酬を設定することは，買いたたきとして問題になるおそれがあります（本QA問75）。

Q5 不当な経済上の利益の提供要請〈フ〉

ある企業から物品の製造委託を受けました。契約どおりの仕様・数量で成果物を納品したのですが，発注事業者である企業から，「製造にあたって用いた技術資料一式もすべて引き渡してほしい」と要求されています。技術資料には私にとっての重要なノウハウも含まれているため，引渡しに応じたくはありません。

しかし，発注元の企業からは，「技術資料一式を引き渡してもらえなければ，報酬の全額は支払えない」と言われています。

このような発注者の行為は，本法に照らし，問題があるといえないでしょうか。

回答・解説

1 期間の確認

本法は，発注事業者である企業との業務委託の期間が1か月以上である場合に限り，発注事業者である企業等に対し，取引適正化の観点から一定の行為（受領拒否，報酬の減額等）を禁止しています（法5条）。

そのため，今回の行為が本法に基づく禁止行為の規制を受けるか否かを検討するため，問題となっている物品の製造委託の取引について，1か月以上の業務委託に該当するか確認する必要があります。

期間の確認の仕方については，第2章IQ1を参照してください。

2 不当な経済上の利益の提供要請

仮に，業務委託の期間が1か月以上である場合，発注事業者である企業は「特定業務委託事業者」に該当し，フリーランスとの業務委託の取引において，

本法5条に基づき一定の行為が禁止されます。

　質問のケースでは，契約どおりの成果物に加えて，製造に用いた技術資料の提供も求められているとのことですので，本法5条で禁止される「不当な経済上の利益の提供要請」に該当する可能性があると思います。

　まず契約書等の3条通知を参照して，業務委託において合意していた給付の内容を確認してみてください。給付の内容として，製造に用いた技術資料について明示されていなければ，契約上，技術資料の引渡義務を負うものではないということになります。

　それにもかかわらず，特定業務委託事業者が，無償で当該技術資料の引渡しをさせる場合には，本法5条2項1号で禁止される「不当な経済上の利益の提供要請」に該当すると考えられます。

3 │ 報酬の減額

　仮に，技術資料について3条通知の給付の内容として明示がないにもかかわらず，特定業務委託事業者が，技術資料の引渡しを受けられないことを理由として報酬の一部を支払わない場合，本法5条1項2号により禁止される「報酬の減額」に該当すると考えられます。

　つまり，特定受託事業者は，契約どおりの成果物を納品しているにもかかわらず，当初の契約の定めにない製造に関する技術資料の引渡しがないことを理由として報酬の一部を支払わないことは，正当な理由なくいったん決定された報酬の額を事後的に減ずる行為に該当するといえ，本法5条1項2号に違反します。

Q6 違約金の条項等〈企〉

　フリーランス（特定受託事業者）に1か月以上6か月未満の期間にわたる業務委託を行うことを検討している企業（特定業務委託事業者）です。

　フリーランスの債務不履行に備えて，損害賠償の条項とは別に，違約金を定めた契約を締結しようと考えています。このような契約を締結することは，本法の違反とはならないでしょうか。

回答・解説

　特定業務委託事業者が，特定受託事業者との契約において，違約金に関する条項を定めること自体は，ただちに本法の違反とはなりません。

　ただし，違約金の条項を適用することにより，特定受託事業者の責めに帰さない事由に基づき，報酬の額を減額することになる場合には，本法5条1項2号（報酬の減額）に違反します。

　このことは，仮に，業務委託に係る契約書において「特定受託事業者の責めに帰さない事由によっても違約金を請求する場合がある」ということを明示的に記載していたり，業界において長年そのような違約金を徴収する慣行があったりしたとしても異なりません[9]。

　なお，違約金以外にも，「歩引き」や「リベート」等の減額の名目，方法，金額の多少を問わず，特定受託事業者の責めに帰さない事由に基づき，報酬の額を減額することになる場合には，本法5条1項2号に違反します。

　そのため，特定業務委託事業者が，特定受託事業者との取引について，違約金の条項を規定ないし適用するにあたっては，特定受託事業者（フリーランス）の責めに帰すべき事由によるものといえるか否かという点を検討する必要があります。

9　前掲第1章注25テキスト1(5)ウ

本法に照らせば，特定業務委託事業者（発注事業者）の責めに帰すべき事由や不可抗力による場合にも，特定受託事業者に違約金を請求できるような条項は，定めるべきではないといえます。

〈参考〉関連条文

（特定業務委託事業者の遵守事項）
第5条　特定業務委託事業者は，特定受託事業者に対し業務委託（政令で定める期間以上の期間行うもの（当該業務委託に係る契約の更新により当該政令で定める期間以上継続して行うこととなるものを含む。）に限る。以下この条において同じ。）をした場合は，次に掲げる行為（第2条第3項第2号に該当する業務委託をした場合にあっては，第1号及び第3号に掲げる行為を除く。）をしてはならない。
（略）
二　特定受託事業者の責めに帰すべき事由がないのに，報酬の額を減ずること。

175

Q7 不当なやり直し〈フ〉

　ある企業からプログラムの作成を委託され，契約どおりに成果物を納品しました。

　その後2年以上経って，「プログラムについて，仕様に合致しない不具合があるので作成し直してほしい」と言われました。たしかに当初の契約をみると，仕様に合致しない不具合があった場合には，私が無期限でやり直しの義務を負うような規定があります。

　私は，委託者の求めに従って無期限でやり直しに応じなければならないのでしょうか。

回答・解説

1 期間の確認

　本法は，発注事業者である企業との業務委託の期間が1か月以上である場合に限り，発注事業者である企業等に対し，5条に基づき，「不当なやり直し」などの一定の行為を禁止しています。

　今回の行為が本法5条に基づく禁止行為の規制を受けるか否かを検討するため，まずは問題となっている情報成果物の作成委託の取引について，1か月以上の業務委託に該当するか確認する必要があります。

　期間の確認の仕方については，第2章IQ1を参照してください。

2 不当なやり直し

　発注事業者が，本法5条に基づく禁止行為の規制を受ける場合，仕様に合致しない不具合について無期限でやり直しをさせることは，「不当なやり直し」に該当する可能性があります（法5条2項2号）。

「不当なやり直し」とは，特定業務委託事業者が特定受託事業者（フリーランス）に対し，特定受託事業者の責めに帰すべき事由がないにもかかわらず，特定受託事業者の給付を受領した後（または役務の提供を受けた後）に，その履行をやり直させ，これにより特定受託事業者の利益を不当に害することをいいます。

3 ▍ 契約不適合責任を負う期間

質問のケースでは，仕様に合致していなかった（契約不適合）ということですので，特定受託事業者の責めに帰すべき事由があったため，やり直しを求められているということだと思います。

ただ，このような場合でも無期限でやり直しの義務をフリーランスに負わせることは過大な負担となります。そのため，たとえ通常の検査で発見できないような契約上の不適合があったとしても，給付の受領後1年を経過した場合にやり直しを求めることは，本法が禁止する「不当なやり直し」に該当すると考えられています[10]。

なお，例外として，特定業務委託事業者が，顧客等（一般消費者に限りません）に1年を超えた契約不適合責任の期間を定めている場合であって，特定業務委託事業者と特定受託事業者がそれに応じた契約不適合責任期間をあらかじめ定めている場合には，納品後1年を経過していたとしても，特定受託事業者は契約で定められた期間内であればやり直しの義務を負うことになります。

質問のケースでは，対象となったプログラムを組み込んだソフトウェアについて，特定業務委託事業者が顧客等に対し，どの程度の契約不適合責任の期間を定めているかが不明です。そのため，まずはその点を確認する必要があります。特定業務委託事業者が顧客等に対して約した契約不適合責任の期間と対応していないのであれば，原則に立ち戻って，納品後1年を超えたやり直しの義

10　本解釈ガイドライン第2部第2の2(2)キ(オ)④

務を負わせることは，本法5条2項2号に違反すると考えられます。

　なお，仮に特定業務委託事業者が顧客等に対して無期限の契約不適合責任を約していたとしても，契約不適合責任に係る債務は，引渡しから10年で時効により消滅します（最判平13・11・27民集55巻6号1311頁）。

　したがって，いずれにせよ，契約上の債務として，無期限にやり直しの義務を負うことはありません。

178　Ⅱ　取引適正化パート【4】

Q8　購入・利用強制の禁止〈企〉

　取引先であるフリーランスの方に，当社の開催するイベントのチケットや新製品を紹介し，おすすめしたいと思っています。

　無理やりに買わせるつもりは全くないのですが，興味を持っていただければ，ぜひ購入してもらいたいとは思います。本法で禁止される購入・利用強制に該当してしまうでしょうか。該当しないようにするために，とれる方策はあるでしょうか。

回答・解説

　本法5条1項5号で禁止されている購入・利用強制とは，取引上の正当な理由がある場合を除き，自己の指定する物を強制して購入させ，または役務を強制して利用させることにより，特定受託事業者にその対価を負担させることをいいます。

　ここで「強制して」というのは，物の購入または役務の利用を取引の条件とする場合や，購入または利用しないことに対して不利益を与える場合のほか，取引関係を利用して，事実上，購入または利用を余儀なくさせていると認められる場合も含まれます。

　特定業務委託事業者は「任意の購入を依頼しただけ」と思っていても，特定受託事業者にとってはその依頼を拒否できない場合もありえますので，実態として，特定受託事業者に購入等を余儀なくさせていると認められる場合には，本法5条1項5号に違反すると考えられます。

　質問のケースでは，無理やりに自社の製品等を買わせるのではなく，あくまですすめるだけとのことです。ただ，すすめ方次第では，取引先のフリーランスの方が「お付き合いで買っておかないと今後の取引が打ち切られてしまうのでは」などと不安に思って，やむをえず購入するようなケースがないとはいえません。

　そのため，あくまで任意の購入をすすめるだけなのであれば，「購入は任意

です」「購入をしなくとも，当社との取引に影響はありません」などと明示的
に伝え，フリーランスの方に，真に任意で購入を検討してもらうように工夫す
る必要があります。また，フリーランスの方に購入を事実上強制することのな
いよう，執拗な勧誘も避けるべきといえます。

180　II　取引適正化パート【4】

Q9　給付の内容の変更〈企〉

　フリーランスに，情報成果物の作成に関する業務委託を行っています。業務委託の期間は半年です。

　フリーランスから，納期の前に，情報成果物の仕様を変更してほしいと申し出があり，協議の上で，情報成果物の仕様を変更し，それに応じて報酬の額を減少させることに合意しました。

　このような場合，本法が禁止する不当な給付内容の変更や報酬の減額には当たらないという理解で正しいでしょうか。

回答・解説

1 ｜ 給付内容の変更

　本法5条2項2号で禁止される「不当な給付内容の変更」とは，特定業務委託事業者が特定受託事業者に対し，特定受託事業者の責めに帰すべき事由がないのに，特定受託事業者の給付の内容を変更させることにより，特定受託事業者の利益を不当に害することをいいます。

　特定受託事業者の責めに帰すべき事由による変更とは，次の場合に限られます[11]。

---

① 給付を受領する前に特定受託事業者の要請により給付の内容を変更する場合
② 給付を受領する前に特定受託事業者の給付の内容を確認したところ，給付の内容が3条通知に記載された「給付の内容」と適合しないこと等があることが合理的に判断され，給付の内容を変更させる場合
③ 特定受託事業者の給付の受領後，特定受託事業者の給付の内容が3条通知に記載された「給付の内容」と適合しないこと等があるため，やり直しをさせ

11　本解釈ガイドライン第2部第2の2(2)キ(エ)

る場合

　質問のケースでは，納期の前に特定受託事業者からの要請により仕様の内容を変更しているので，上記①の場合に該当するといえ，特定受託事業者の責めに帰すべき事由による変更ですので，本法5条2項2号には違反しません。

2 報酬の減額

　本法5条1項2号で禁止される「報酬の減額」についても，特定受託事業者の責めに帰すべき事由があるときは，いったん定めた報酬を減額したとしても本法違反とはなりません。
　具体的には，次に掲げる場合に限り，特定受託事業者の責めに帰すべき事由があるとして，報酬の減額を行うことが認められます[12]。

---

①　特定受託事業者の責めに帰すべき事由（委託内容と適合しないこと，納期遅れ等）があるとして，受領拒否または返品することが本法違反とならない場合に，受領拒否または返品をして，その給付に係る報酬の額を減ずるとき
②　特定受託事業者の責めに帰すべき事由があるとして，受領拒否または返品することが本法違反とならない場合であって，受領拒否または返品をせずに，特定業務委託事業者自ら手直しをした場合（役務の提供を委託した場合にあっては，役務の提供を受けた後に自ら手直しをしたとき）に，手直しに要した費用等客観的に相当と認められる額を報酬の額から減ずるとき
③　特定受託事業者の責めに帰すべき事由があるとして，受領拒否または返品することが本法違反とならない場合であって，受領拒否または返品をせずに，委託内容と適合しないこと等または納期遅れによる商品価値の低下が明らかな場合に，客観的に相当と認められる額を報酬の額から減ずるとき

　上記③からすると，質問のケースのように，特定受託事業者からの求めに応じて当初の仕様を変更し，これに応じて客観的に相当と認められる額の報酬を

12　本解釈ガイドライン第2部第2の2(2)イ(エ)

減じることは，本法が禁ずる報酬の減額には該当しないものと考えられます。

　ただし，仕様の変更に乗じて，当該変更の内容に照らして客観的に相当と認められないような大幅な報酬の減額を行う場合には，報酬の減額として問題になりえますので，ご留意ください。

就業環境整備パート

【1】 募集情報の的確表示

Q1　特定の相手に対するDMによる情報提供〈企〉

　当社は，新しいご当地スイーツの商品開発のため，フリーランスのパティシエに業務委託をしたいと考えています。和菓子と洋菓子を1種類ずつ開発したく，1名ずつと契約したいのですが，現在，和菓子のパティシエ候補が1名，洋菓子のパティシエ候補が2名います。それぞれにSNSのダイレクトメッセージを使って連絡をとり，3名とも報酬等について同じ条件を打診しました。このような業務委託の条件の打診は，本法12条の募集情報の的確表示義務の対象外になりますか。

回答・解説

1　ダイレクトメッセージによる連絡が「広告等」に該当するか

　本法12条の募集情報の的確表示義務の対象となるのは，特定業務委託事業者が「広告等」により募集情報を提供するときであるところ，SNSのダイレクトメッセージ機能を利用する場合も，この「広告等」に当たります（法12条1項，本厚労省規則1条)[1]。

2 特定の相手に対する情報提供が的確表示義務の対象となるか

　本法12条の募集情報の的確表示義務は，1対1の関係で契約交渉を行う前の時点において，広告等により広く特定受託事業者の募集に関する情報を提供する場合に的確表示を義務づけるものです。そのため，「1つの業務委託に関して2人以上の複数人を相手に打診する場合」は的確表示義務の対象に含まれますが，特定の1人のフリーランスを相手に業務委託を打診する場合は，通常，すでに契約交渉段階にあることが想定され，契約交渉の中で取引条件の確認や変更が可能であることから，的確表示義務の対象外とされています[2]。

　質問の件では，3名のパティシエに報酬等について同じ条件を打診していますが，和菓子のパティシエ候補1名については，洋菓子のパティシエ候補2名とは業務内容が異なり，和菓子のご当地スイーツの商品開発という「1つの業務委託に関して」複数人を相手に打診する場合とはいえないため，和菓子のパティシエ候補に対する条件の打診は，的確表示義務の対象外と考えられます。

　他方，洋菓子のパティシエ2名に対する条件の打診は，「1つの業務委託に関して2人以上の複数人を相手に打診する場合」に当たり，的確表示義務の対象になると考えられます。本QAには，「事前に収集したメールアドレスにbccで募集情報を一斉に送信して募集を行う場合など，形式的には1人の特定受託事業者に対して送信したメールであるように見える場合であっても，実質的に特定業務委託事業者から複数の宛先に送信しており，広く募集しているといえる場合には，募集情報の的確表示義務を遵守する必要があります」と記載されています（問85の回答）。質問の件では，一斉に送信するのではなく，個別に1人ずつダイレクトメッセージを送信しているという点で，より「広告等」による「募集」に関する情報の提供（法12条）とはいえないのではないか（的確表示義務の対象外ではないか）とも思われますが，この場合であっても，やは

1　本指針第2．1(3)，本QA問83
2　本QA問84，本パブリックコメントNo.3-1-1，No.3-1-2

り2名のうち契約を締結するのは1名のみという段階であり，的確表示義務の対象外と考えられる契約交渉段階の条件の打診であるとはいえないと思いますので，本法12条の適用があり，的確表示義務を遵守する必要があるのではないかと考えられます[3]。

---

3 本パブリックコメントNo.3-1-1参照

Q2 労働者の募集との混同〈企〉

当社では，新たな事業としてアニメ・ゲームを自主制作しようと考えており，当社の社員としてクリエイターを採用することも，フリーランスのクリエイターに業務委託をすることも，広く募集したいと思っています。当社がこのような募集情報を出すにあたって，本法等との関係で留意すべき点はありますか。

回答・解説

募集を行うにあたっては，雇用契約を前提とする労働者の募集に関する情報と，業務委託契約を前提とする特定受託事業者の募集に関する情報を明確に分けて，どちらに関する情報なのかを明示する必要があり，そのような表示になっていない場合には，本法または職業安定法の違反となる可能性があります。

1 労働者の募集であるにもかかわらず，特定受託事業者の募集であるかのように見える場合

募集情報の的確表示義務を定める本法12条は，「特定受託事業者に業務委託をすることが想定されない募集」には適用されないため，事業者が労働者の募集のみを想定したものであれば同条の適用はないと誤解が生じることがあるかもしれませんが，同条が適用されないのは，「募集の内容」からして「特定受託事業者に業務委託をすることが想定されない募集」ですので[4]，特定受託事業者の募集であるかのように見える場合には，本条が適用されることになります。

そのため，仮に事業者が意図して労働者の募集であることを隠して，特定受託事業者の募集であると表示した場合には（実際には，このようなことをする実益も想定しづらく，考えにくいとは思いますが），虚偽の表示であるとして，本法12条1項の違反となると考えられます。

---

4 本指針第2.1(2)

また，事業者が，このような意図はなくても，特定受託事業者の募集と労働者の募集が混同されるような表示をするなど，一般的・客観的に特定受託事業者の募集であるかのような誤解を生じさせる表示をしたと評価されれば，やはり本法12条1項の違反となると考えられます[5]。

2 ┃ 特定受託事業者の募集であるにもかかわらず，労働者の募集であるかのように見える場合

上記1のとおり，「募集の内容」からして「特定受託事業者に業務委託をすることが想定されない募集」には，本法12条は適用されないため，専ら労働者の募集であると見える場合には，本条は適用されないことになります[6]。

もっとも，職業安定法において，労働者の募集等に関する情報の的確表示義務が定められており（同法5条の4），業務委託契約ないし請負契約を前提としたフリーランス等の募集であるにもかかわらず，それを明示せず，労働者の募集と同じ表示をすることは，虚偽の表示または誤解を生じさせる表示として，同法5条の4の違反となる可能性があります[7]。

〈参考〉関連条文（職業安定法の一部）

（求人等に関する情報の的確な表示）
第5条の4　公共職業安定所，特定地方公共団体及び職業紹介事業者，労働者の募集を行う者及び募集受託者，募集情報等提供事業を行う者並びに労働者供給事業者は，この法律に基づく業務に関して新聞，雑誌その他の刊行物に掲載する広告，文書の掲出又は頒布その他厚生労働省令で定める方法（以下この条において「広告等」という。）により求人若しくは労働者の募集に関する情報又は求職者若しくは労働者になろうとする者に関する情報その他厚生労働省令で定める情報（第三項において「求人等に関する情報」という。）を提供するときは，当該情報について虚偽の表示又は誤解を生じさせる表示をしてはならない。

5　本QA問87，88
6　本指針第2．1(2)
7　本QA問88，「職業紹介事業者，求人者，労働者の募集を行う者，募集受託者，募集情報等提供事業を行う者，労働者供給事業者，労働者供給を受けようとする者等がその責務等に関して適切に対処するための指針」第4．2

188　Ⅲ　就業環境整備パート【1】

Q3　募集情報の提供義務〈フ〉

(1)　私はフリーランスで美容師をしています。まだ駆け出しで，お客様がついているわけでもないので，どこかの会社と業務委託契約をして，そのサロンで働きたいと思っているのですが，子どもが小さいので，自宅の近くのサロンで働くことを希望しています。フリーランスの募集情報を見て，場所が明示されていなかったのですが，応募して話を聞いたところ，自宅から少し離れた場所のサロンで働いてほしいとのことでした。もともとの募集情報が不十分だったのではないかと思いますが，これは本法違反になりますか。

(2)　その後，結局，その自宅から少し離れた場所のサロンで働くことを決め，その会社と業務委託契約を締結しましたが，募集情報の中では交通費の負担について何も書かれていなかったのに，交通費を負担するよう求められました。これは本法違反ではないのでしょうか。

回答・解説

　本法12条は，「募集情報」（第1章【表4-4】（次頁に再掲）に記載の事項）を表示する場合には的確表示義務を負うことを定めるものであり，これらの事項を募集情報として明示し提供すること自体を義務として定めるものではありません。業務に従事する場所や，報酬に関する事項（交通費等の諸経費などを含みます）については，「募集情報」に当たるため，質問の件において，実際の就業場所と異なる場所を表示していたり，交通費は会社負担と表示されていたり，または，これらの誤解を生じさせるような表示がされていれば，それは本法12条違反となりますが，そもそも場所や交通費の負担について表示されていないことは本法違反とはならないようにも思われます[8]。

　もっとも，令和6年12月18日に改訂された本QA問89において，募集情報の

Q3 募集情報の提供義務〈フ〉 **189**

【表Q3-1】的確表示の対象となる募集情報（表4-4の再掲）

「募集情報」 （本施行令2条）	具体的な内容の例 （本指針第2.1(4)）
業務の内容	・業務委託において求められる成果物の内容または役務提供の内容 ・業務に必要な能力または資格 ・検収基準 ・不良品の取扱いに関する定め ・成果物の知的財産権の許諾・譲渡の範囲 ・違約金に関する定め（中途解除の場合を除く）　等
業務に従事する場所，期間または時間に関する事項	業務を遂行する際に想定される場所，納期，期間，時間　等
報酬に関する事項	・報酬の額（算定方法を含む） ・支払期日，支払方法 ・交通費や材料費等の諸経費（報酬から控除されるものも含む） ・成果物の知的財産権の譲渡・許諾の対価　等
契約の解除（契約期間の満了後に更新しない場合を含む）に関する事項	・契約の解除事由 　自動更新の契約における不更新事由（本パブリックコメントNo.3-1-9） ・中途解除の際の費用・違約金に関する定め ・特定受託事業者による契約の解除が制限される場合の有無（本パブリックコメントNo.3-1-8）　等
特定受託事業者の募集を行う者に関する事項	特定業務委託事業者となる者の名称・住所・連絡先や業務の内容（本QA問89）　等

　うち，募集を行う者の①氏名又は名称，②住所（所在地），③連絡先，④業務の内容，⑤業務に従事する場所，⑥報酬を欠く場合には，「誤解を生じさせる表示」に該当するものとして，本法12条違反となると記載されています。そのため，質問の件において，まず，業務に従事する場所（上記⑤）が明示されていなかったことは，本法12条違反になると考えられます。また，交通費が明示されていなかったことについては，交通費は募集情報のうち「報酬に関する事

8　本パブリックコメントNo.3-1-11参照

項」の例の1つとされてはいますが，交通費の明示がないことが上記QAにいう「⑥報酬を欠く」ものとして「誤解を生じさせる表示」に該当するのかは，必ずしも明確ではないように思われます。ただ，報酬の額が明示されていれば，交通費の明示はなくても，「誤解を生じさせる表示」とまでは評価されず，本法12条違反とはならない可能性も高いのではないかと思います（今後の実務の動向も注視すべきところです）。

ただし，質問の件のように，交通費の負担について明示がないと，トラブルに発展する可能性が否定できず，第1章【表4－4】に記載の事項については，募集時に想定されていることは可能な限り具体的に情報提供することが望ましいところです。この点は，本指針においても，「特定業務委託事業者が，広告等により，募集情報を提供するときに望ましい措置」として明示されています[9]。なお，本指針の書きぶりからは，第1章【表4－4】右列（具体的な内容の例）の内容も含めて可能な限り提供することが望ましいとされているようには読めますが，これらはあくまで例示という位置づけであり[10]，それぞれの募集ごとに，募集に係る業務の内容や募集条件等に応じて，提供することが望ましい事項は異なってくるものと思います。

9　本指針第2．5
10　本パブリックコメントNo.3-1-6，No.3-1-7参照

191

Q4　報酬額の表示〈企〉

　当社のウェブサイトのリニューアルのため，そのデザイン制作を
委託するフリーランスを募集したいと思っています。ただ，全体の
リニューアルにするか一部のリニューアルにするかがまだ固まって
おらず，募集の際に報酬をどのように表示するか迷っています。稼
働時間に応じて報酬を計算するのではなく，一定額の報酬にしたい
のですが，同様の業務を委託するフリーランスの報酬を例示したり，
「○万円～○万円」のような幅をもった表示にしたりしてもよいで
しょうか。また，報酬はいくら以上でなければならないという規制
はありますか。

回答・解説

1　報酬額の表示の方法

　特定業務委託事業者が，広告等により特定受託事業者の募集を行うにあたっ
て，報酬の額などの報酬に関する事項を提供する場合には，それが虚偽の表示
や誤解を生じさせる表示と評価されると，本法12条違反となってしまいます。
　事業者が，意図して，実際よりも高額な報酬額を表示したとすると，それは
虚偽の表示となります。例えば，質問の件において，会社が以前ウェブサイト
のデザイン制作業務を著名なデザイナーに高額で委託した実績があるというこ
とで，今回委託するウェブサイトのデザイン制作業務においては，それほど高
額な報酬額になることはないと認識しながら，あえて当該報酬額を表示して募
集をした場合には，虚偽の表示として本法12条違反となるのではないかと考え
られます。
　また，虚偽の表示に当たらない場合であっても，一般的・客観的に誤解を生
じさせるような表示になっていると，本法12条違反となってしまうため，注意

が必要です。例えば，質問の件において，会社が以前ウェブサイトのデザイン制作業務を委託したときの報酬額を一例として表示したとしても，それが実際に委託する際の報酬額よりも高額であり，それを見たフリーランスとしては，当該報酬額で委託されると理解してしまうような表示になっていると，誤解を生じさせる表示として本法12条違反となる可能性があります。

「○万円～○万円」のように幅をもった表示にすること自体は許容されると考えられますが，例えば上限額を実際に想定されるよりも高い金額で表示したような場合には，やはり誤解を生じさせる表示として本法12条違反となる可能性があると考えられます[11]。

2 │「最低報酬」に関する規制

フリーランスの報酬が低いという問題意識から，本法の法案策定にあたっては，労働者の最低賃金に相当するフリーランスの「最低報酬」に関する規制を盛り込むべきではないか，という議論もなされていましたが，結論としては，本法において，最低報酬に関する規制は設けられていません。その理由としては，(1)事業者間における契約自由の原則の観点から，事業者間取引に対する行政の介入は最小限にとどめるべきであるということに加え，(2)発注事業者が義務履行に係る負担を避けようとして特定受託事業者と取引することを避ける発注控えが生じる可能性があること等から，規制内容はできる限り限定することが適当であること，さらに，(3)特定受託事業者の役務や成果物は様々であることから，一律の最低報酬を定めることは困難であると考えられること，との説明がされています[12]。

そのため，特定受託事業者の募集をするとき（および特定受託事業者と契約し，業務委託をするとき）の報酬額をいくら以上にしなければならない，とい

---

11 厚生労働省「令和4年 改正職業安定法Q&A」問2-2，2-3参照
　 https://www.mhlw.go.jp/content/001250191.pdf
12 本パブリックコメントNo.3-1-10

う決まりはありません。

〈参考〉第211回国会　内閣委員会　第10号（2023年4月5日（水曜日））会
議録

○塩川委員　……やはりフリーランスで働く方々の報酬が余りにも低いといった
点も問われてまいります。その点で、最低報酬規制、こういった仕組みを設ける
必要があるのではないのかという点であります。この間、政府として具体化して
いる取組の中で、自営型テレワークのガイドラインなどもあります。そこにおき
ましては、例えば、最低賃金を1つの参考として自営型テレワーカーの報酬を決
定することも考えられるとあります。従事者の報酬の最低規制を図る、こういっ
た工夫というのが行われる必要があるのではないのかと思いますが、お答えくだ
さい。

○後藤国務大臣　本法案では、いわゆるフリーランスを保護する観点から、下請
代金法では規制対象にならない資本金1千万円以下の小規模な発注事業者であっ
ても、フリーランスに委託を行う場合には発注書面の交付等の義務を課すことと
いたしております。

　他方、事業者間取引における契約自由の観点からは、原則として、事業者取引
に対する行政の介入は最小限にとどまるべきであるということに加えまして、小
規模な発注事業者に対して過剰な義務を課した場合には、発注事業者が義務履行
に係る負担を避けようとして特定受託事業者と取引することを避ける、いわば発
注控えが生じること、財政基盤が脆弱な発注事業者も多く、義務が負担となり経
営に支障を来すことも懸念されることから、規制内容はできるだけ限定すること
が適当であるというふうに考えております。

　さらに、特定受託事業者の役務や成果物は多種多様であることから、一律の最
低報酬を定めることは困難であるとも考えられます。

　したがって、本法案において、特定受託事業者の最低報酬に係る規制を盛り込
んでおりません。

○塩川委員　業種、業態は多種多様で、一律の最低報酬を定めるのは困難という
話もありました。そういう際にも、やはり業種、業態においてはいろいろな工夫
もできることだろうと思ってはいます。お話を伺っている中では、例えば音楽家
の方々の組合などにおきましては、演奏における時間、そこに最低時給というの
を設けて、テレビ局の各局と交渉して協定を結んでいるといった格好での最低報
酬のルール作りなどが行われているわけであります。そういった現場で行ってい
る取組も含めて、しっかりとやはり、労働者でいえば最低賃金に相当するような、
こういったことを担保できるようなフリーランスにおける最低報酬規制というの
は考えられるべきだと思っております。

Q5 合意による契約条件の変更 〈フ〉

私はフリーランスでイラストレーターをしています。著名な会社からブランドロゴのデザインの業務について募集が出ているのを見て，報酬額も良い条件だったので，応募しました。ただ，その後，会社の担当者から，高圧的な言い方で報酬額の減額を求められ，減額された報酬額が記載された業務委託契約書に押印をしてしまいました。結局，募集情報として示されていた高額な報酬額は嘘だったことになるので，これは本法12条1項違反ではないでしょうか。

回答・解説

1 合意による契約条件の変更

本法12条1項は，募集情報について虚偽の表示等を禁止していますが，募集後に特定業務委託事業者と特定受託事業者との間で話し合い，その合意に基づいて，募集情報とは異なる条件で実際の契約を締結することになった場合は，元の募集情報が虚偽の表示等に該当して本法12条1項違反になるということはありません[13]。

実際，特定業務委託事業者と特定受託事業者との間で，募集から契約に至るまで，話し合い・交渉が重ねられ，募集時と異なる契約条件で業務委託がされることも一般的と思われ，そのため，本法において，12条の募集情報と，3条の業務委託をするときに明示される取引条件が異なってはならない旨の規制も設けられていません。

そのため，質問の件においても，会社とフリーランスとの間で減額後の報酬額で業務委託をすることについて有効な合意が成立した場合には，本法12条1

---

13 本指針第2. 2(2)

項違反はないということになります。

〈参考〉第211回国会　内閣委員会　第10号（2023年4月5日（水曜日））会議録

> ○三浦政府参考人　（中略）第12条で募集をする，その後，第3条に行きまして，業務委託をして，中身を明示していただく。この12条で募集した内容と第3条の中身が違うというときに，それを禁ずるというようなことは法律では規定をしていないわけでございます。他方，第12条を御覧いただくと，特定受託事業者の募集に関する情報を提供するときには，虚偽の表示又は誤解を生じさせる表示はしてはならない，さらに，2項で，正確かつ最新の内容に保たなければならないという義務を課しているところでございまして，12条の方の義務を果たしていただければ，そこと大きく異なる内容で実際に契約を結んで発注をするということにはならないというふうに理解しております。
> ○緒方委員　事情が変わることだってあるじゃないですか。様々事情が変わることが，そのときそのときで，このときはうそじゃなかった，誤解じゃなかった，そして，そのとき正確であり最新であった，しかし，実際に発注するときには全然違うことが書かれてくるということを，これは排除しないと思うんですよ，この法律の規定だと。（中略）
> ○宮本政府参考人　（中略）一般的に，フリーランスが契約するときには，募集のときから契約に至るまで何度も交渉がございまして，その間，様々な取引交渉がされるというふうに聞いてございます。契約それから発注に至るまで，条件につきまして変わることから，そのたびごとに条件明示をするということにつきましては，当事者双方について負担になるというふうに考えてございます。

2 ┃ フリーランスの意思表示の有効性

　もっとも，会社とフリーランスとの間で有効な合意が成立したというためには，フリーランスが自由な意思に基づいて（任意に）減額後の報酬額で受託することに同意したといえる必要があると考えられます。

　一般に，会社との関係で，フリーランスの意思表示が任意になされたものといえるか否かは，慎重に判断されることになると考えられます[14]。これは，労使関係において，使用者との関係で，労働者の意思表示が任意になされたもの

といえるか否かが慎重に判断されることと同様であり，使用者との関係で労働者は弱い立場にあるというのと同じく，特定業務委託事業者との関係で特定受託事業者は弱い立場にあると考えられること[15]によります。

　そのため，例えば法人間で業務委託契約書が締結されていれば，裁判においても，契約書の存在・内容は重く見られ，特段の事情がない限り，会社が双方ともその書面に記名押印している以上は，その内容どおりの合意がなされたと認定されるのに対し，会社とフリーランスとの間で減額された報酬額で業務委託契約書が締結されている（フリーランスも押印している）ということは，特段の事情がない限り，それをもって有効な合意が成立していると認定される，という結論には必ずしもならないのではないかと思われます。

　とはいえ，例えば，質問の件において，募集時に想定されていたブランドロゴのデザイン業務について，その後のフリーランスとの話し合いの中で，そのデザイン制作作業の一部のみを委託することになり，それに応じて報酬額も減額することになった，他のイラストレーターも候補者としている中で，若干報酬額を下げれば業務を受託することができるというので減額したなど，フリーランスとしても減額後の報酬額で業務委託契約を締結する合理的な理由があるといえれば，（もしフリーランスが「高圧的に強制された」などと主張しても）合意の有効性が認められる方向になるのではないかと思います。

　特定業務委託事業者としては，特に，募集の際の条件よりも特定受託事業者に不利な内容について同意を得ようとする場合には，その変更の必要性，相当性（合理性）等を丁寧に説明して特定受託事業者の理解を得ること，さらに，万が一のトラブルに備えて，その変更の必要性，相当性（合理性）等や交渉経緯などについて整理した社内資料を作成し，それを裏づける証拠とあわせて保管しておくことが重要になると思います。

14　契約終了の合意に関する記載ではあるが，本解釈ガイドライン第3部4(2)参照
15　前掲第1章注1本法の説明資料3頁

【2】 育児介護等と業務の両立に対する配慮

Q1 育児介護等に関する事情の確認〈企〉

　当社は，20〜30代女性向けのヘアケア製品を販売しており，その年代の女性フリーランスに継続的に販売代理を委託することを多く行っています。本法では，フリーランスの育児介護等と業務の両立に対する配慮が義務づけられていると聞きましたが，当社は，フリーランス全員に，妊娠・出産・育児または介護に関する事情を確認する必要があるのでしょうか。

回答・解説

　本法13条の定める育児介護等と業務の両立に対する配慮義務は，特定受託事業者から育児介護等に対する配慮の申出があった場合に生じるものなので，質問の件においても，フリーランスから申出がない状況で，会社側から妊娠・出産・育児または介護に関する事情をあらかじめ確認し，把握して，配慮することまで求められるわけではありません[1]。むしろ，これらの事情は，フリーランスのプライバシーに関する情報を含むことから，会社のほうから確認するのは適切でないのではないかと思われます。

　ただ，特定業務委託事業者としては，申出がなければ，本法13条の義務に関して何もすべきことはないかというと，そうではありません。特定業務委託事業者は，特定受託事業者が申出をしやすい環境を整備するため，以下の対応をとることが望ましいとされています[2]。

> ① 配慮の申出が可能であることや，配慮を申し出る際の窓口・担当者，配慮の申出を行う場合の手続等を周知すること

1　前掲第1章注1 本法の説明資料14頁
2　本指針第3．2(1)

198　Ⅲ　就業環境整備パート　【2】

> ②　育児介護等に否定的な言動が頻繁に行われるといった配慮の申出を行いにくい状況がある場合にはそれを解消するための取組みを行うこと等の育児介護等への理解促進に努めること

　これらの対応をしなければ本法違反になるというわけではないですが，特に，質問の件における会社のように，育児介護等に対する配慮を希望する可能性が高いことが想定されるフリーランスと多く契約している会社においては，これらの対応をとることを積極的に検討できるとよいのではないかと思います。

Q2 配慮義務の具体的な内容〈企〉

　当社は，従業員数の少ない会社で，現状，育児や介護の負担が大きい従業員もいないので，育児介護等と業務の両立に対する配慮が必要と言われても，具体的にどのようなことをすればよいのか，正直あまりイメージがわきません。どのようなことをすると本法13条違反になってしまうのか，フリーランスから申出があったら具体的にどのような配慮を実施すればよいのか，教えてください。

回答・解説

1 本法13条違反となる例

　育児介護等と業務の両立に対する配慮義務（法13条）として，特定業務委託事業者が，継続的業務委託の相手方である特定受託事業者に対して配慮しなければならない内容は，第1章【図4-2】（次頁に再掲）の(1)～(3)のとおりです。

【図Q2−1】配慮義務の内容（図4−2の再掲）

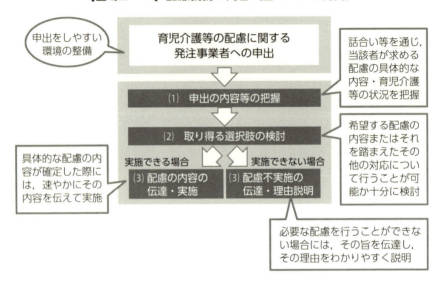

　上図の(1)〜(3)のそれぞれについて，例えば以下のようなことをすると，本法13条違反となってしまいます[3]。

((1)について)
　申出があったにもかかわらず，特定受託事業者の申出内容を無視する。
((2)について)
　特定受託事業者から申出のあった配慮について実施可能か検討しない。
((3)について)
・配慮不実施としたにもかかわらず，その理由を説明しない。
・業務の性質や実施体制上対応することは可能であるにもかかわらず，調整が面倒と考え，実施しない。

3　本QA問93

2 | 申出に対する配慮の例[4]

特定受託事業者からの配慮の申出に対して実施する配慮の具体例としては，以下が挙げられます。

・妊婦健診がある日について，打合せの時間を調整してほしいとの申出に対し，調整した上で特定受託事業者が打合せに参加できるようにすること
・妊娠に起因する症状により急に業務に対応できなくなる場合について相談したいとの申出に対し，そのような場合の対応についてあらかじめ取決めをしておくこと
・出産のため一時的に特定業務委託事業者の事業所から離れた地域に居住することとなったため，成果物の納品方法を対面での手渡しから宅配便での郵送に切り替えてほしいとの申出に対し，納品方法を変更すること
・子の急病等により作業時間を予定どおり確保することができなくなったことから，納期を短期間繰り下げることが可能かとの申出に対し，納期を変更すること
・特定受託事業者からの介護のために特定の曜日についてはオンラインで就業したいとの申出に対し，一部業務をオンラインに切り替えられるよう調整すること

特定業務委託事業者が，元委託事業者から受託した業務の全部または一部を特定受託事業者に再委託をしているという場合には，必要に応じて，当該元委託事業者とも調整して，配慮を実施することも検討する必要があります（例えば，特定受託事業者が，当該元委託事業者の事業所において業務を行う場合など）。【図Q2－2】はその一例です。

4　本指針第3.2(2)，本QA問95

【図Q2-2】配慮の具体例[5]

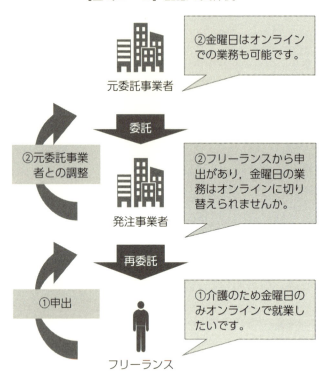

　もっとも，これらはいずれも，イメージを持っていただくための例示にすぎません。特定受託事業者からの申出や配慮の内容については，個々の特定受託事業者の状況や業務の性質，特定業務委託事業者の状況等に応じて異なるものであり，多様かつ個別性が高いものですので，実際に，特定受託事業者から申出があった場合には，個別に対応を検討することが必要になります。

5　前掲第1章注63パンフレット21頁

Q3 配慮の内容〈企〉

当社では現在，新規事業の立ち上げのための大型プロジェクトが動いており，その統括をフリーランスのコンサルタントに継続的に委託しています。そのコンサルタントから，お子様の病気で，当社役員も参加する重要な会議に欠席させてもらいたいとの申出がありました。ただ，本件プロジェクトの従前の議論の状況などの経緯をすべて把握しているのはこのコンサルタントだけであり，当社が迅速に適切な意思決定をするためには，このコンサルタントの出席が不可欠です。当社はどのように対応すればよいでしょうか。

回答・解説

本法13条の定める育児介護等と業務の両立に対する配慮義務の具体的な内容は，第2章Ⅲ(2)Q2のとおりです。質問の件でも，まずは，そのコンサルタントの申出の内容を，お子様の病気・看病に関する状況も含めて確認し，会社として把握することが必要です。

その上で，会社として配慮を実施することができるか否かを検討します。実施する配慮の内容は，コンサルタントの希望するとおり会議の欠席を認めるという内容でなければならない，というわけではありません。この件では，当該コンサルタントの代わりに他の人がその役割を担うことが難しいこと（代替性が乏しいこと），迅速な意思決定が必要な状況であること，役員の参加も必要であって近い日程で再調整して別日に会議を開催することも困難であること，といった事情から，この会議の欠席を認めるという配慮を実施することはできないという判断になることもやむをえないように思われます。

ただ，そうであっても，当該コンサルタントの具体的な事情に照らし，その意向を十分に尊重した上で，例えば，自宅からオンラインで会議に参加することを認めるなど，会社としてとりうる対応があるかを十分検討し，配慮の実施が可能であれば，それを速やかに当該コンサルタントに伝えて実施するという

ことになります。

　会社としてこのような対応をとれば，本法13条違反となることはないのでは
ないかと考えられます。

205

Q4　不利益な取扱い〈フ〉

　私はフリーランスでコンサルタントをしており，現在，ある会社から委託を受けて，新規事業の立ち上げのための大型プロジェクトを統括しています。子どもがまだ小さく，先日，病気で私が看病しなければならなかったので，このプロジェクトにおける重要な会議にやむをえず欠席させてもらいたいと会社に申し出ました。結果，欠席は困るとのことで，自宅からオンラインで参加して，会議は無事に終わったのですが，その後，会社から，その月の報酬を減額すると言われました。このような行為は本法違反ではないのでしょうか。

回答・解説

　本指針においては，本法13条における申出および配慮の趣旨を踏まえ，特定業務委託事業者が，特定受託事業者が申出をしたことまたは配慮を受けたことのみを理由に不利益な取扱いを行うことは望ましくない取扱いであると明記されています。

　質問の件のように報酬の減額をすることは，「不利益な取扱い」に当たりうる典型的な例ですが，望ましくないとされる「不利益な取扱い」は，「申出をしたことまたは配慮を受けたことのみを理由として」行われる行為，すなわち，申出をしたことまたは配慮を受けたこととの間に因果関係がある行為です。そのため，例えば以下の行為は，望ましくないとされる「不利益な取扱い」には該当しません[6]。

　・妊娠による体調の変化によりイベントへの出演ができなくなった特定受託事業者から，イベントの出演日を変更してほしいとの申出があったが，イベントの日程変更は困難であり，当初の契約目的が達成できないことが確実になったため，その旨を特定受託事業者と話合いの上，契約の解除を行うこと

6　本指針第3.3

> ・育児のためこれまでよりも短い時間で業務を行うこととなった特定受託事業者について，就業時間の短縮により減少した業務量に相当する報酬を減額すること
>
> ・配慮の申出を受けて話合いをした結果，特定受託事業者が従来の数量の納品ができないことがわかったため，その分の取引の数量を削減すること

　質問の件において，フリーランスのコンサルタントは，子どもの看病のため，重要な会議に欠席させてもらいたいとの申出をしましたが，結果，自宅からオンラインで参加して会議は無事に終わったとのことで，現に役務は提供していると考えられます。そのため，対面での参加が本来は必須であって，それができなかったことにより業務に支障が生じたといった事情も特にないのであれば，報酬を減額する正当な理由があるとはいえず，申出をしたことまたは配慮を受けたことのみを理由として報酬の減額がなされたと考えられるのではないかと思います。

　そうだとすると，本法13条との関係で，会社の行った減額は「不利益な取扱い」であって望ましくないものということになります。また，このような行為は，特定受託事業者の責めに帰すべき事由がないのに，いったん決定された報酬の額を事後的に減ずる行為に該当するといえ，本法5条1項2号の違反となると考えられます。

　特定業務委託事業者としては，育児介護等と業務の両立に対する配慮の申出を行った特定受託事業者に対して，「不利益な取扱い」になりうること（契約の解除，報酬を支払わないことまたは減額を行うこと，給付の内容を変更させることまたは給付を受領した後に給付をやり直させること，取引の数量の削減，取引の停止など）を行う場合には，それが「申出をしたことまたは配慮を受けたこと」とは関係のない，正当な理由に基づき行われるものであることを，万が一後々トラブルになってしまった場合でもきちんと主張立証できるよう，正当な理由の内容等に関する社内資料を作成し，それを裏づける証拠とあわせて保管しておくことが重要になると思います。

【3】 ハラスメント対策に係る体制整備

Q1　セクハラの行為者,「業務委託に関して行われる」〈フ〉

　私はフリーランスで活動する舞台俳優（女性）で, ある舞台公演に, 主催者の会社と業務委託契約を締結して出演していました。その公演には, 私の他にもフリーランスの役者（男性）が出演しており, 無事に千秋楽公演を終えた後, 打ち上げがあったのですが, 二次会の場でその役者から, 胸を触られるというセクハラを受けました。この件を主催者の会社の相談窓口に申告したら, 調査などをしてもらえるのでしょうか。

回答・解説

1　特定業務委託事業者の役員・従業員以外の者のセクハラも対象になるか

　本法14条1項には, 特定業務委託事業者は, 特定受託業務従事者に対する「業務委託におけるハラスメント」により, その就業環境が害されることのないよう, その者からの相談に応じ, 適切に対応するために必要な体制の整備その他の必要な措置を講じなければならないとの義務が定められています。

　もっとも, 質問の件においては, セクハラを行ったのは, フリーランスである舞台俳優（女性）に業務を委託している公演主催者の会社（特定業務委託事業者）の役員・労働者ではなく, 同じ出演者である他のフリーランス役者（男性）です。そのため, そのような行為についてまで公演主催者の会社（特定業務委託事業者）が相談に応じ, 対応する義務はないのではないかと思われるかもしれません。

　しかしながら, 本指針において, セクハラについては, その行為者（「性的な言動」を行う者）は, 特定業務委託事業者の役員・労働者に限らず, 「業務

委託に係る契約を遂行するに当たり関係性が発生する者」も行為者になりうるとされています。例えば，以下の者は「業務委託に係る契約を遂行するに当たり関係性が発生する者」となると考えられ，これらの者によるセクハラであっても，「業務委託におけるセクハラ」に当たることになります[1]。

- 特定業務委託事業者の取引先等（元委託事業者を含む）の役員・労働者
- 業務委託に係る契約上協力して業務を遂行することが想定されている他の個人事業者
- 顧客

　この考え方は，職場におけるセクハラ（男女雇用機会均等法[2]11条）について，「性的な言動」を行う者には，事業主，上司，同僚に限らず，取引先等の他の事業主またはその雇用する労働者，顧客，患者またはその家族，学校における生徒等もなりうる[3]とされているのと同じ考え方です。

　なお，パワハラとマタハラについては，セクハラとは異なり，本法14条1項の措置を講じる義務（相談に応じ対応する義務等）があるのは，特定業務委託事業者の役員・労働者によるパワハラ・マタハラであり，他の事業者等からのパワハラ・マタハラに関しては，相談に応じ適切に対応するために必要な体制の整備等を行うことが「望ましい」とされるにとどまっていることから，特定業務委託事業者が他の事業者等からのパワハラ・マタハラに関しては相談を受け付けないこととしていても，本法14条1項違反になるわけではありません[4]。

　質問の件においては，同じ出演者である他のフリーランス役者からセクハラを受けたということであり，同役者は，業務委託に係る契約上協力して業務を遂行することが想定されている他の個人事業者に当たり，「業務委託に係る契

1　本指針第4. 2(2)
2　前掲第1章注67と同じ。
3　「事業主が職場における性的な言動に起因する問題に関して雇用管理上講ずべき措置等についての指針」2(4)
4　本指針第4. 7，本パブリックコメントNo. 3-3-23，No. 3-3-58

約を遂行するに当たり関係性が発生する者」であるといえます。そのため，公演主催者の会社としては，自社の役員・労働者によるセクハラ行為が問題とされているわけではないから，という理由で，相談に応じ対応する義務はない，ということはできないと考えられます。

2 打ち上げの二次会における行為が「業務委託における ハラスメント」になるか

もっとも，質問の件において，セクハラ行為が行われたのは，打ち上げの二次会の場であって，通常業務を遂行する場所・場面で行われたものではないと考えられますので，公演主催者の会社としては，そのような行為についてまで，会社が相談に応じ，対応する義務はないのではないかと思われるかもしれません。

たしかに，本法14条1項に定められているのは，「業務委託におけるハラスメント」により，その就業環境が害されることのないよう必要な措置を講じなければならないという義務です。ただ，この「業務委託におけるハラスメント」は，特定業務委託事業者との間で業務委託に係る契約を締結した特定受託業務従事者に対して，当該業務委託に関して行われるものをいいます。そして，「業務委託に関して行われる」とは，特定受託業務従事者が当該業務委託に係る業務を遂行する場所または場面で行われるものをいい，当該特定受託業務従事者が通常業務を遂行している場所以外の場所であっても，当該特定受託業務従事者が業務を遂行している場所については含まれることがあります[5]。

例えば，業務を遂行する時間以外の「懇親の場」や，業務を遂行する場所への移動中等であっても，実質上，業務遂行の延長と考えられるものは「業務委託に関して行われる」ものに該当します。その判断は，業務との関連性や参加者など，参加や対応の目的や性質を考慮して個別具体的な事情を踏まえて行うことになりますが，例えば，以下のような場所・場面で行われる行為は「業務

5　本指針第4．1⑷

委託に関して行われる」行為になりえます[6]。

> ・取引先の事務所
> ・顧客の自宅
> ・取引先と打合せをするための飲食店
> ・同じ業務を遂行する関係者の打ち上げ
> ・特定受託業務従事者との電話やメール　等

　この考え方は，事業主が雇用する労働者に対する「職場におけるハラスメント」についての「職場」の考え方[7]と同じですので，従前，「職場における」ハラスメントといえるか否かが争点となった裁判例等が，「業務委託における」ハラスメントといえるか否かを検討する際にも参考になりうるのではないかと思います。

　質問の件における千秋楽公演後の打ち上げは，通常業務を遂行する場所・場面で行われたものではないと思いますが，特に，舞台俳優を含む関係者の大半の者の参加が予定され，実際に参加したといったものであれば，そこで行われた行為は「業務委託に関して行われる」行為であるといえる可能性が高いと思います。さらに，その二次会まで同様にいえるかというと，業務との関連性や参加者について，一次会よりも慎重な判断が必要になるとは思いますが，やはりそこで行われた行為は「業務委託に関して行われる」行為であると考えられる可能性があるところです。

6　本QA問98，本パブリックコメントNo.3-3-6～No.3-3-12

7　事業主が職場における優越的な関係を背景とした言動に起因する問題に関して雇用管理上講ずべき措置等についての指針（令和2年厚生労働省告示第5号）の内容について説明されている，「労働施策の総合的な推進並びに労働者の雇用の安定及び職業生活の充実等に関する法律第8章の規定等の運用について」（雇均発0210第1号）に，「「職場」には，業務を遂行する場所であれば，通常就業している場所以外の場所であっても，出張先，業務で使用する車中及び取引先との打ち合わせの場所等も含まれるものであること。なお，勤務時間外の「懇親の場」，社員寮や通勤中等であっても，実質上職務の延長と考えられるものは職場に該当する。その判断に当たっては，職務との関連性，参加者，参加や対応が強制的か任意か等を考慮して個別に行うものであること。」と記載されている（第1.1(3)イ①）。

そのように考えられるのであれば，二次会における他の男性役者によるセクハラは，「業務委託におけるハラスメント」に当たることになるため，主催者の会社は，女性俳優からの相談に応じ，適切に対応する義務があるということになると考えられます。

212　Ⅲ　就業環境整備パート【3】

Q2　業務委託におけるマタハラ〈企〉

当社が広告制作業務を委託しているフリーランスのデザイナー（女性）から，妊娠した旨の報告を受けました。業務の進捗確認をした際，予定より制作の作業が遅れていることがわかり，事情を聞いたところ，つわりがひどくて業務効率が下がっているとの話がありました。当社から，業務量の減少と，それに伴う報酬の減額について，話し合いを求めたいと思っているのですが，妊娠したことを理由とする不利益な取扱いとして，業務委託におけるマタハラになってしまいますか。また，当社からではなく，デザイナーから業務量を減少してほしいと申出があることも考えられますが，その場合に報酬の減額について話し合いを求めることは，業務委託におけるマタハラになってしまいますか。

回答・解説

1　当社から話し合いを求める場合

業務委託における妊娠，出産等に関するハラスメント（マタハラ）の一類型として，特定受託業務従事者が，①妊娠したこと，②出産したこと，③妊娠または出産に起因する症状により業務委託に係る業務を行えないこと，もしくは行えなかったこと，または当該業務の能率が低下したこと（以下「妊娠したこと等」といいます）に関する言動により就業環境が害されるもの（状態への嫌がらせ型）があり，その典型的な例の1つに，「妊娠したこと等のみを理由として契約の解除その他の不利益な取扱いを示唆するもの」があります[8]。

質問の件のように，業務量の減少とそれに伴う報酬の減額の話し合いを求め

8　本指針第4，3(1)(2)

ることは、「不利益な取扱いを示唆する」行為ではありますが、業務委託における
マタハラに該当するのは、それが「妊娠したこと等のみを理由として」行
われた場合です。例えば、妊娠を報告しただけで、業務委託に係る契約の解除
を示唆したり、報酬の減額を示唆したりすることは不利益な取扱いの示唆に該
当しますが、一方で、妊娠または出産に起因する症状（妊娠に伴うつわり等）
により役務の提供を休止した場合に、実際に役務の提供を休止した分の報酬の
減額について話し合いをすることはハラスメントには該当しないとされていま
す[9]。

　質問の件の事情からすれば、会社は、「妊娠したこと等のみを理由として」
業務量の減少とそれに伴う報酬の減額の話し合いを求めるものではなく、業務
委託におけるマタハラには該当しないと考えられます。会社としては、万が一
のトラブルに備えて、このような話し合いを求めるに至った経緯とその理由等
についてまとめた社内資料を作成し、それを裏づける証拠とあわせて保管して
おくことが重要になると思います。

2 ┃ デザイナーから配慮の申出がある場合

　業務委託における妊娠、出産等に関するハラスメント（マタハラ）の一類型
として、特定受託業務従事者が、妊娠または出産に関して本法13条1項もしく
は同条2項の規定による育児介護等への配慮の申出をしたこと、またはこれら
の規定による配慮を受けたことに関する言動により就業環境が害されるもの
（配慮申出等への嫌がらせ型）があり、その典型的な例の1つに、「配慮の申出
等のみを理由として契約の解除その他の不利益な取扱いを示唆するもの」があ
ります[10]。

　質問の件のように、報酬の減額の話し合いを求めることは、上記1と同様、
「不利益な取扱いを示唆する」行為ではありますが、業務委託におけるマタハ

9　本指針第4.3(1)(2)、本パブリックコメントNo.3-3-20
10　本指針第4.3(1)(3)

214　Ⅲ　就業環境整備パート　【3】

ラに該当するのは，それが「配慮の申出等のみを理由として」行われた場合です。例えば，配慮を受けても業務量が変わらないにもかかわらず，報酬の減額を示唆することや，実際に業務量が減少した分以上の報酬を減額することを示唆することは，不利益な取扱いの示唆に該当しますが，一方で，配慮を受けたことにより実際に業務量が減少した分の報酬の減額について話し合いをすることはハラスメントには該当しないとされています。

　なお，具体例として，不利益な取扱いの示唆に該当する典型的なものは以下のとおりです[11]。

・妊娠に関する配慮の申出を業務委託に係る契約担当者に相談したところ，「配慮の申出をするなら，契約を解除する」と言われた。
・出産に関する配慮の申出を業務委託に係る契約担当者に相談したところ，「配慮の申出をするなら，これまでの報酬を減額する」と言われた。

　質問の件の事情からすれば，会社は，「配慮の申出等のみを理由として」報酬の減額の話し合いを求めるものではなく，業務委託におけるマタハラには該当しないと考えられます。このような話し合いを求めるに至った経緯とその理由等に関する社内資料と証拠の整理，保管が重要になるという点は，上記1と同じです。

11　本指針第4. 3(1)(3)，本QA問100

215

Q3 パタハラ・アルハラ〈フ〉

　私（男性）はフリーランスとして活動していますが，現在業務を受託している会社の従業員から，育児のために時短勤務したことによる嫌がらせを受けたり，飲み会で一気飲みを強要されたりする，ということがありました。今般，会社に，業務委託におけるハラスメントに関する相談窓口が設置されたとの連絡を受けたのですが，会社には，このような，いわゆるパタハラやアルハラについても相談に応じる義務があるのでしょうか。

回答・解説

　本法14条1項には，特定業務委託事業者は，特定受託業務従事者に対する「業務委託におけるハラスメント」により，その就業環境が害されることのないよう，その者からの相談に応じ，適切に対応するために必要な体制の整備その他の必要な措置を講じなければならないとの義務が定められており，この「業務委託におけるハラスメント」とは，セクハラ，マタハラおよびパワハラをいうとされています[12]。

　このマタハラは，正確には，「特定受託業務従事者の妊娠又は出産に関する事由であって厚生労働省令で定めるものに関する言動によりその者の就業環境を害すること」と定義され（本法14条1項2号），本指針等ではこれを「業務委託における妊娠，出産等に関するハラスメント」というとされています[13]。

　質問の件においては，男性であるフリーランスが育児のために時短勤務したことによる嫌がらせを受けたとのことです。育児介護休業法[14]では，育児休業等の申出・取得をした労働者（男性，女性を問わない）の就業環境が害されることも，「職場における育児休業等に関するハラスメント」として，事業主に

12　本指針第4.1(3)
13　本指針第4.1(3)ロ
14　前掲第1章注18と同じ。

その防止措置を講じることが義務づけられていますが（同法25条），本法においては，上記のとおり妊娠・出産した特定受託業務従事者の就業環境が害されることを「業務委託における妊娠，出産等に関するハラスメント」としており，男女雇用機会均等法11条の3のように「女性（労働者）」と明記はされていないものの，男性が育児休業等の申出・取得をしたことに関する言動により就業環境が害されることも「業務委託における妊娠，出産等に関するハラスメント」に含まれるとは読めないように思われます。

　もっとも，このような嫌がらせが「業務委託におけるパワーハラスメント」（パワハラ）に該当する可能性もありうるのではないかと思います。

　同様に，飲み会で一気飲みを強要するという行為についても，「業務委託におけるパワーハラスメント」に該当する可能性があります。

　昨今では，様々な「○○ハラスメント」という用語が生み出され，世間で使われるようになることが増えていますが，ある行為が，どれか1つの「○○ハラスメント」に分類されるというものではなく，質問の件でいえば，いわゆるパタハラ・アルハラといわれる行為がパワハラに当たることもあります。本法14条の定める義務が適用される「業務委託におけるハラスメント」に該当するかは，問題となっている言動が，その具体的な内容から，同条1項各号のいずれかに該当するといえるかによって判断されることになり，特定業務委託事業者としては，そのいずれかに該当する可能性がある言動について特定受託業務従事者から相談された場合には，事実関係の確認など本法14条の遵守のための社内フローにのせる運用をする必要があると思われます。

217

Q4 相談窓口の設置・周知〈企〉

本法14条１項によって求められている相談窓口の設置について，当社は，従前から当社の従業員を対象とするハラスメント・ホットラインを設置していますが，この対象を当社が委託するフリーランスにも拡充することによって対応することでも問題ないでしょうか。また，当社は，このハラスメント・ホットラインの制度の内容と窓口の連絡先を，当社ウェブサイトに掲載しているのですが，このサイトに，フリーランスも利用できる旨を追記すれば，フリーランスに対する周知もしているといえるでしょうか。

回答・解説

1 従業員向けの相談窓口の利用[15]

特定業務委託事業者は，業務委託におけるハラスメントを防止するため，特定受託業務従事者からの相談に対し，その内容や状況に応じ適切かつ柔軟に対応するために必要な体制の整備として，相談への対応のための窓口（相談窓口）をあらかじめ定め，特定受託業務従事者に周知しなければなりません（本法14条１項）。例えば，以下の場合には相談窓口をあらかじめ定めていると認められます。

・外部の機関に相談への対応を委託する
・相談に対応する担当者をあらかじめ定める
・相談に対応するための制度を設ける

---

15 本指針第４．５(2)，本QA問102，103

なお，専用アプリやメール等の対面以外の方法により相談を受け付ける場合には，相談を行った特定受託業務従事者にとって，当該相談が受け付けられたことを確実に認識できる仕組みとする必要があります。

相談窓口の設置方法としては，特定受託業務従事者向けのハラスメントの相談窓口を新たに設置する方法のほか，労働関係法令に基づきすでに設置している自社の労働者向けの相談窓口について，本法14条に基づく措置義務の内容を満たすものとなっているか確認した上で，特定受託業務従事者にも利用可能とするといった方法も考えられます。

本法14条に基づく措置義務の内容は，労働者との関係で，職場におけるセクハラ・マタハラ・パワハラを防止するために，事業主が雇用管理上講ずべき措置として，厚生労働大臣の指針に定められている内容と同様ですので，特定業務委託事業者は，職場のハラスメント対策のための相談窓口（質問の件ではハラスメント・ホットライン）を適切に整備，運用していることが前提にはなりますが，その窓口に相談できる者を特定受託業務従事者に拡充するという改定を行うことによって，本法14条1項によって求められる相談窓口の設置に対応することができると思われます。実際に，少なくとも当面は，すでに社内で整備，運用している相談窓口を活用して，この義務に対応することを検討する会社が多いのではないかと思います。

また，会社によっては，公益通報者保護法に従ってすでに設置している内部通報窓口を活用して，本法14条1項の相談窓口の設置に対応することも考えられるのではないかと思います。この場合，もともと通報できる者として，取引先の労働者等も含まれていることが想定され（公益通報者保護法2条1項3号参照），そのような外部からの通報・相談に適した体制が整備されているということで，特定受託業務従事者からの相談にも対応しやすいということがありうるかと思います。他方で，公益通報者保護法では，従事者指定が義務づけられており（同法11条1項），従事者が公益通報者を特定させる事項を漏らした場合は刑事罰（30万円以下の罰金）が科される（同法21条）など，本法14条よりも相当に重い義務が定められており，これに対応する形で制度設計がされて

いる内部通報窓口において，業務委託におけるハラスメントの相談に対応するのは，会社にとって過度な負担になる可能性もあります。

会社が設置している相談・通報窓口に関する規定の具体的な内容や実際の運用などを踏まえて，本法14条を遵守するためにどのように対応するのが最も適切かを検討することが重要になるでしょう。

2 │ 相談窓口のフリーランスに対する周知の方法[16]

本法14条1項により，特定業務委託事業者は，業務委託におけるハラスメントに関する相談窓口を特定受託業務従事者に周知することも必要になります。例えば以下の方法であれば，周知していると認められます。

> ・業務委託契約に係る書面やメール等に業務委託におけるハラスメントの相談窓口の連絡先を記載する
> ・特定受託業務従事者が定期的に閲覧するイントラネット等において業務委託におけるハラスメントの相談窓口について掲載する

これらは例示であるため，質問の件において会社が考えているように，会社のウェブサイトに業務委託におけるハラスメントの相談窓口について掲載することであっても，周知していると認められる可能性はあると思います。ただし，周知は，特定受託業務従事者に「確実に」周知できる方法とすることが必要とされ，本指針に記載の上記の例でも「特定受託業務従事者が定期的に閲覧するイントラネット等」との明記があることから[17]，例えば，委託しているフリーランスが会社のウェブサイトを閲覧することは想定しにくい，閲覧することが想定されるウェブページ上にわかりやすく表示されていない，そこから複数回クリックしないと当該ページにたどりつけない，といった場合には，周知して

16　本指針第4.5(2)，本QA問102
17　本QA問102も参照

いるとは認められないリスクが否定できないと思いますので，他の周知方法を
検討すべきではないかと思われます。

Q5　不利益取扱いの禁止〈企〉

当社が業務委託契約を締結してから間もないフリーランスのインフルエンサーから，当社のマーケティング担当の従業員からパワハラを受けたとのことで，相談窓口に相談がありました。このインフルエンサーは当初から自己主張が強く，当該従業員からは，業務をうまく進めにくいところがあるとの報告が度々上がっていたので，このようなパワハラの相談までしてくるのであれば，業務委託契約を中途解約したいと考えています。契約上はいつでも中途解約ができる旨が定められているので，インフルエンサーが期待した成果を上げていないなどと伝えて解約して問題ないでしょうか。また，この段階では中途解約はしなかった場合に，このインフルエンサーが同じような話で何度もパワハラの相談をして，ほとんどクレーマーのようになった場合には，中途解約して問題ないでしょうか。

回答・解説

特定業務委託事業者は，特定受託業務従事者がハラスメントの相談を行ったことを理由として，業務委託に係る契約の解除その他の不利益な取扱いをしてはいけません（法14条2項）。また，本法14条1項により，特定業務委託事業者は，特定受託業務従事者がハラスメントに関する相談をしたことを理由として，不利益な取扱いをされない旨を定め，特定受託業務従事者に周知・啓発しなければならないとされています。

質問の件における契約の中途解約は，典型的な「不利益な取扱い」であることから，これが，インフルエンサーがパワハラに関する相談をしたことを理由として行われるものである場合には，本法の違反となります。この結論は，業務委託契約書において，会社はいつでも中途解約できる旨が定められていても変わらないと考えられます。

質問の件において，会社は，「インフルエンサーが期待した成果を上げてい

ないなどと伝えて解約すれば問題ない」と考えている節がありますが，実際のところ，中途解約をしようと考えたのは，インフルエンサーからパワハラの相談があったからではないかと思われ，それが事実だとすると，本法14条違反になります。やはり会社としては，特定受託業務従事者がハラスメントの相談を行った直後に不利益な取扱いをすることは，その相談を行ったことを理由としたものではないかとの疑義が生じ，トラブルになる可能性が高いと認識しておくべきであり，そのため，このようなタイミングで不利益取扱いをするとの判断は相当慎重に行う必要があるでしょう。

　もっとも，質問の後半にあるように，インフルエンサーが同じような話で何度もパワハラの相談をして，ほとんどクレーマーのようになった場合には，もはやこのインフルエンサーとの業務委託契約を継続しがたい正当な理由があるといえる状況に至っている可能性があり，相談がなされた時期に近接して中途解約をしたとしても，それは「特定受託業務従事者がハラスメントの相談を行ったことを理由として」の解約とはいえず，本法14条違反にはならないと判断される可能性もあると考えられます。

　なお，公益通報者保護法においては，公益通報は「不正の目的」でないことが要件となっていることから（同法2条1項本文），不正の目的がある通報は公益通報として保護されず，不利益取扱い禁止（同法5条）の対象にならないことが明確であるのに対し，本法にはこのように明確に定められた条文は存在しません。そのため，このような場合は，「特定受託業務従事者がハラスメントの相談を行ったことを理由として」に該当しないという整理になるのではないかと思います。

　実際に本法14条2項違反にならないかは，個別具体的な事情を総合的に考慮して判断することになります。会社としては，トラブルに発展する可能性が一定程度あるといわざるを得ないことを念頭に置き，インフルエンサーからの各相談の日時，内容，態様や会社としての対応，度重なる相談による会社への影響や業務への支障等をまとめた社内資料を作成し，それを裏づける証拠があることも確認した上で，慎重に判断して中途解約を行い，それらの資料・証拠をきちんと整理，保管しておくということが重要になると思います。

【4】 解除等の事前予告・理由開示

Q1 基本契約がある場合の解除等の事前予告〈企〉

当社は，フリーランスに業務を委託する際，単発の業務しか想定されない場合でも，一律に，当社のひな形をもとにして基本契約を締結する運用をとっています。当社の基本契約書のひな形は，契約期間を1年間（自動更新あり）としています。この基本契約に基づく個別契約として締結した業務委託契約の期間が3か月の場合に，当該個別契約のみを解除するときは，本法16条1項の定める事前予告は不要でしょうか。

回答・解説 [1]

特定業務委託事業者は，「6か月以上の継続的業務委託」を解除しようとする場合には，原則として，当該契約の相手方である特定受託事業者に対し，解除日の30日前までに，その旨を予告しなければなりません（法16条1項）。

この「6か月以上の継続的業務委託」に該当するかについて，基本契約（業務委託に係る給付に関する基本的な事項についての契約）が締結されている場合は，個別契約ではなく基本契約をもとに期間を判断します。質問の件においては，個別契約は6か月未満の期間ですが，基本契約が6か月以上の期間なので，本法16条の適用があることになります。そのため，当該個別契約のみを解除する場合でも，事前予告の例外事由に該当しない限り，本法16条1項の定める事前予告が必要です（なお，例外事由の1つに，解除しようとする個別契約の期間が30日以下である場合（本厚労省規則4条3号）があります）。

ただし，基本契約は，特定業務委託事業者と特定受託事業者との間で，当該基本契約に基づき行うことが予定される業務委託の給付の内容について，少な

1　本解釈ガイドライン第3部4(1)，同2，第2部第2の2(1)ア

くともその概要が定められている必要があります（なお,「業務委託基本契約書」といった名称であるか否かは問わず, また契約書という形式である必要はありません）。そのため, 質問の件において, 仮に会社が締結した基本契約が, 業務委託の給付の内容の概要も定められていないものであるとすると, 個別契約の期間が6か月以上であるか否かによって判断することになります。

　なお, 基本契約が6か月以上の継続的業務委託に該当する場合は, 当該基本契約に基づく個別の業務委託に係る契約だけでなく, 当該基本契約についても業務委託に係る契約の一部をなしているものとして「継続的業務委託に係る契約」に含まれるものであり, 当該基本契約も解除等の事前予告義務の対象となるため, 留意が必要です。

Q2 合意による契約終了〈フ〉

　私はフリーランスの漫画家で，ある大会社から広告に使用する漫画の制作を受託していました。契約期間は1年間で，私は，この制作業務を受託して以降，この業務に自分の活動時間のほとんどを費やしており，その収入で生計を立てていましたが，会社から突然，契約を終了するので，その旨の合意書にこの場でサインしてほしいと言われ，抵抗もできずにサインをしてしまいました。フリーランスが契約を解除される場合は，その30日前に予告があるはずですが，事前にそのような話は全くなく，即時に契約が終了となってしまったので，次の仕事が見つかるまで無収入になってしまっています。このような会社の対応は本法に違反するのではないでしょうか。

回答・解説

　特定業務委託事業者は，6か月以上の継続的業務委託を「解除」しようとする場合には，原則として，当該契約の相手方である特定受託事業者に対し，解除日の30日前までに，その旨を予告しなければなりません（法16条1項）。

　ここでいう「契約の解除」とは，特定業務委託事業者からの一方的な意思表示に基づく契約の解除をいい，双方の合意による契約の終了は「契約の解除」には該当しません。もっとも，この合意は，特定受託事業者の自由な意思に基づくものであることが必要であり，自由な意思に基づく（任意の）意思表示があったか否かは慎重に判断する必要があります[2]。

　これは，労使関係において，使用者と労働者が雇用契約終了の合意（すなわち退職合意）をしたことが，後から紛争になってしまうと，労働者の当該合意に係る意思表示が自由な意思に基づくものといえるか（わかりやすくいえば，使用者から強制されるなど，反対の意思表示をすることが事実上できずにやむ

2　本解釈ガイドライン第3部4(2)

226　Ⅲ　就業環境整備パート【4】

をえず合意書に署名したといった事情がないのか）が慎重に判断されることと同様と考えられます。使用者との関係で労働者は弱い立場にあるというのと同じく，特定業務委託事業者との関係で特定受託事業者は弱い立場にあると考えられること[3]から，例えば法人間における合意書のように，基本的にはその書面に双方記名押印している以上，その内容どおりの合意がなされたと認定される，とは必ずしもならない点に留意が必要です。

　質問の件においては，会社とフリーランス漫画家との間で，契約の終了に関する合意書が作成され，漫画家も署名をしてはいますが，この場合でも，この漫画家による意思表示が自由な意思に基づくものでなかったと認められると，この契約の終了は双方の合意によるものではなく，会社からの一方的な意思表示に基づく「契約の解除」であったことになり，会社が契約終了日の30日前までに予告をしなかったことは，（事前予告が不要となる例外事由に該当しない限り）本法16条1項違反になります。漫画家による意思表示が自由な意思に基づくものであったか否かは，具体的な事情を総合考慮して判断することにはなりますが，特に，漫画家として契約の終了に合意することもありうると考えられるような事情（合意書に署名をすることにより何らかの利益・メリットがあるなど）が全くない場合には，自由な意思に基づき，契約の終了に同意したとは認められない可能性も高いのではないかと思われます。

3　前掲第1章注1本法の説明資料3頁

Q3 債務不履行解除の催告と事前予告 〈企〉

フリーランスであるエンジニアと1年間の業務委託契約を締結し，システム開発の業務を委託していましたが，納期までに成果物であるプログラムの納品がされなかったので，契約を解除したいと思っています。業務委託契約書には，解除条項として，契約違反があった場合に，催告し，それでも相当期間内に是正されなかった場合には，契約を解除することができる旨が規定されています。この履行の催告の際に，30日間で是正されない場合には契約を解除する旨を通知し，本法16条1項の解除の事前予告を兼ねたいと思っていますが，問題ないでしょうか。

回答・解説

　質問の件の場合，本法16条1項の解除の事前予告が例外的に不要となる事由はない可能性も高く，その場合は，会社は，解除日の30日前までの事前予告が必要となります。

　質問の件においては，業務委託契約書における契約条項から，履行の催告をする時点では，まだ会社に解除権は発生していないことになりますが，本法16条1項の事前予告をする時点で，解除権が発生していることが必須とはいえないのではないかと考えられます。この点について直接的な記載ではないものの，本QAにおいては，解除の効力は本法に基づいて判断されるものではない旨が記載され[4]，また，契約において予告なく解除を可能とする事由を定めるか否かにかかわらず，解除の事前予告における例外事由に該当する場合には，本法の予告義務の対象外となる旨が記載されていること[5]などからも，本法16条1項の事前予告と，契約条項等に基づく解除権の発生の有無は別の問題として整理されるのではないかと思われます。

4　本QA問107
5　本QA問108

そうすると，解除を有効に行う前提として履行の催告をするということと，本法16条1項を遵守するために解除日の30日前までに事前予告をすることは，それぞれ並行して行えばよく，実務上は，履行の催告と解除の事前予告を兼ねる形で，履行の催告の際に，30日間で是正されない場合には契約を解除する旨を通知すれば，本法16条の事前予告を行ったといえる可能性が高いのではないかと思います。

Q4 即時解除〈企〉

当社は，あるフリーランスと6か月間の業務委託契約を締結したのですが，そのフリーランスの言動に問題があり，当社の複数の従業員から不満が出ているので，従業員の士気を下げないよう，当該フリーランスとの契約を即時に解除したいと思っています。本法16条1項で必要とされている30日前予告の代わりに，30日分の報酬を支払って即時解除することはできますか。

回答・解説

本件では，会社が「6か月以上の継続的業務委託」を解除しようとしているため，原則として，当該フリーランスに対し，解除日の30日前までに，その旨を予告する必要があります（法16条1項）。

ただし，本法16条1項ただし書，本厚労省規則4条には，この30日前予告が例外的に不要となる場合が列挙されており，そのいずれかの例外事由に該当するといえる場合には，即時解除をすることができます。本件では，例外事由のうち「特定受託事業者の責めに帰すべき事由」（本厚労省規則4条4号）に該当する余地があるかもしれませんが，これに当たるといえるのは，本法16条の保護を与える必要のない程度に重大または悪質なものに限られ，本解釈ガイドラインの例示（第3部4(4)エ）を見ても，この例外事由に該当するといえる場合は多くないと思われますので，慎重な判断が必要です。

また，事前予告の義務がある場合に，30日分の報酬を支払って即時解除することも法令上は認められないものと思われます。労働者の解雇（雇用契約の一方的な終了）については，30日前予告をする代わりに，30日分以上の平均賃金（解雇予告手当）を支払うことが法令上認められていますが（労働基準法20条1項），本法にはこれに対応する規定がないためです。とはいえ，実際上は，30日分の報酬の支払をすれば，フリーランスから事前予告義務違反であるとのクレームが入るリスクは低いと思われ，また，もしもフリーランスが労働局等

に相談したとしても，本人に実質的な不利益がないということで，形式的には本法16条1項違反があっても，それで勧告等がなされるリスクは低いのではないかと思われます。

　もっとも，質問の件において，会社として，本法16条1項違反のリスクをなくすという観点からは，（上記の例外事由に該当するとはいえない場合には）即時解除をするのではなく，30日分の報酬を支払って合意により契約を終了させたり，もしくは，契約終了日（解除日）は予告の30日後としつつ，自社の従業員のために，その30日間は，従業員と関わらない形での業務のみを依頼するといった対応をとることが，実務上は考えられるのではないかと思います。

Q5 電子メール等による事前予告・理由開示〈企〉

本法16条の遵守のために解除の事前予告をしようと思うのですが，これまで対象のフリーランスの方とはショートメッセージサービス（SMS）で連絡をとっていました。SMSで事前予告をすることでも問題ないでしょうか。

回答・解説

　事前予告（および理由開示）は，電子メール等による送信によって行うことができ（法16条1項・2項，本厚労省規則3条1項，5条1項），これには，ショートメッセージサービス（SMS）による送信も含まれます。もっとも，電子メール等による送信は，特定受託事業者が当該電子メール等の記録を出力することにより書面を作成することができるものでなければならず，これは，当該電子メール等の本文または当該電子メール等に添付されたファイルについて，紙による出力が可能であることを指します（特定業務委託事業者が送信した事前予告に係る事項の全文が出力される必要があります）[6]。もっとも，事業者間の取引実態に鑑み，SMSや自社アプリ等のファイル添付ができないサービスにより事前予告を行う場合は，予告された内容をスクリーンショット等の機能により保存できる方法で伝達する場合も，要件を満たすものと考えられています[7]。

　そのため，本件でも，予告された内容をスクリーンショット等の機能により保存できれば（スクリーンショット等の機能を制限するといったことをしなければ），SMSで事前予告をすることができます。その際に，フリーランスの方には情報を保存するように伝えることもトラブル防止のためには有効です（この点は，SNSなど情報の保存期間が一定期間に限られる方法で事前予告をする

6　本解釈ガイドライン第3部4(3)
7　本QA問113

場合も同様です）[8]。

　なお，例えば，音声データの送付による方法による予告やメッセージ消去機能を用いた方法による予告（一度開示された内容が後から特定業務委託事業者によって削除できるものなど），何らかの機能制限によって随時の確認ができない方法による予告など，記録に残すことができない方法による事前予告等は認められないため[9]，留意が必要です。

8　前掲第1章注63パンフレット25頁参照。本パブリックコメントNo. 3 - 4 -48
9　本QA問113

索　引

あ行

安全配慮義務 ……………………… 118
育児 ……………………………………… 56
育児介護等と業務の両立に対する配慮
　……………… 54, 105, 197, 199, 203
委託する …………………………… 129
委託日 ………………………………… 26
一時停止 ……………………………… 71
違約金 ………………………………… 173
役務の提供 ………………………… 130
越境取引 …………………………… 120

か行

介護 …………………………………… 56
解除 …………………………… 69, 70, 225
買いたたき ………………………… 37, 39
カスタマーハラスメント …………… 67
勧告 ………………… 43, 80, 109, 115
ギグワーカー ………………………… 4
偽装フリーランス …………………… 96
基本契約 …………………………… 223
給付，役務の提供内容の同一性 …… 87
給付の内容 ……………………… 26, 141
強制して …………………………… 40, 178
共通事項 …………………………… 31, 138
業務委託 ……………………… 12, 129
業務委託事業者 ……………………… 12
業務委託におけるハラスメント
　……………… 61, 104, 118, 209, 215

業務委託に係る特定受託事業者の募集
　……………………………………… 47
業務委託に関して行われる ………… 209
業務委託の期間 ………………… 85, 90
虚偽の表示 ……………………… 51, 186
空白期間 ……………………………… 89
クラウドワーカー …………………… 4
継続的業務委託 …………… 54, 69, 223
継続的な役務の提供委託 ………… 151
契約交渉中の者 ……………………… 66
契約不適合 ……………………… 39, 176
広告等 …………………………… 46, 183
購入・利用強制 ………………… 37, 40
誤解を生じさせる表示 …… 51, 187, 189
顧客 ……………………………… 63, 67

さ行

再委託 …………………………… 35, 157
催告 …………………………………… 227
最低報酬 …………………………… 192
30日前 ………………………………… 78
3条書面 ……………………………… 93
3条通知 ……………………………… 23
事前予告 ………………………… 69, 105
自発的な改善措置 ………………… 111
従業員を使用 ……………………… 123
就業環境整備パート ……… 8, 9, 44, 183
周知 ……………………… 65, 104, 219
自由な意思 ……………… 70, 195, 225
受領拒否 ………………………… 37, 38

【著者紹介】

松田　世理奈（まつだ・せりな）

阿部・井窪・片山法律事務所　パートナー弁護士

2010年弁護士登録，2017～2019年公正取引委員会事務総局審査局勤務，2021年～経済産業省電力・ガス取引監視等委員会専門委員，2021～2023年工業所有権審議会臨時委員，2023～2024年公正取引委員会「イノベーションと競争政策に関する検討会」委員，2024年公正取引委員会・中小企業庁「企業取引研究会」委員。

M&Aや不正調査に加え，独禁法や下請法の相談を専門的に扱う。エネルギー分野および知財分野にも精通する。

主な著書・論文：『全訂版 ビジネスを促進する独禁法の道標』（共同編著，第一法規，2023年），『実務解説 独占禁止法・景品表示法・下請法 第1巻独占禁止法編』（分担執筆，勁草書房，2023年），『契約解消の法律実務』（共著，中央経済社，2022年）等。

大西　ひとみ（おおにし・ひとみ）

阿部・井窪・片山法律事務所　パートナー弁護士

2014年弁護士登録，2020～2021年大手広告代理店企業出向，2023～2024年工業所有権審議会臨時委員，2024年～経営法曹会議会員。

人事労務に関する相談や労働紛争の代理業務を専門的に扱う。知財分野，情報・データ関連の案件にも精通する。

主な著書・論文：『企業における裁判に負けないための契約条項の実務』（共同編著，青林書院，2023年），『情報・AIの利活用と紛争予防の法律実務』（共同編著，民事法研究会，2022年），『知財トラブルの出口戦略と予防法務』（分担執筆，ぎょうせい，2020年）等。

Q&A フリーランス法の基礎と対応
―取引適正化と就業環境整備の実務

2025年2月20日　第1版第1刷発行

著　者　松　田　世　理　奈
　　　　大　西　ひ　と　み
発行者　山　本　　　　継
発行所　㈱中　央　経　済　社
発売元　㈱中央経済グループ
　　　　パ ブ リ ッ シ ン グ

〒101-0051　東京都千代田区神田神保町1-35
電話　03（3293）3371（編集代表）
　　　03（3293）3381（営業代表）
https://www.chuokeizai.co.jp
印刷／三英グラフィック・アーツ㈱
製本／㈲井　上　製　本　所

ⓒ 2025
Printed in Japan

＊頁の「欠落」や「順序違い」などがありましたらお取り替えいた
　しますので発売元までご送付ください。（送料小社負担）
ISBN978-4-502-52581-0　C3032

JCOPY〈出版者著作権管理機構委託出版物〉本書を無断で複写複製（コピー）することは，
著作権法上の例外を除き，禁じられています。本書をコピーされる場合は事前に出版者著
作権管理機構（JCOPY）の許諾を受けてください。
　JCOPY〈https://www.jcopy.or.jp　eメール：info@jcopy.or.jp〉

> おすすめ書籍

契約解消の法律実務

阿部・井窪・片山法律事務所
松田 世理奈／辛川 力太／
柴山 吉報／高岸 亘

Ａ５判／248頁

　締結された契約を前提に、契約を解消するために法務担当者はどのように対応すべきか、そのポイントを解説。契約の終了の際に必要な対応から翻り、出発点となる契約締結時を考察。

本書の内容

第１章 序論
　第１　契約の終了とは
　第２　契約解消の検討にあたって
　　　　必要な視点
　第３　契約書・解除通知を作成する
　　　　際のポイント
第２章 ケーススタディ
売買契約／継続的契約／販売提携契約／ライセンス契約／共同研究開発契約／システム開発契約／AI開発契約

中央経済社